nulidades matrimoniales

3ª edición
actualizada

Rosa Corazón

nulidades matrimoniales

...Que no
lo separe el hombre

3ª edición
actualizada

1ª edición: abril 2001
2ª edición: noviembre 2001
3ª edición: julio 2003

© Rosa Corazón, 2001

© EDITORIAL DESCLÉE DE BROUWER, S. A., 2001
Henao, 6 - 48009 Bilbao
www.edesclee.com
info@edesclee.com

Diseño de portada: EGO Comunicación

Impreso en España -Printed in Spain
ISBN 10: 84-330-1577-X
ISBN 13: 978-84-330-1577-8
Depósito Legal: SE-1757-2006 Unión Europea
Printed by Publidisa

A mi padre, Manuel Corazón, que fue un
buen padre, un buen esposo, un gran hombre;
a quien tanto quiero y a quien tanto debo y le
debemos sus diez hijos.

Mi agradecimiento al Sr. Pere Gimferrer, académico de la Real Academia Española y de la Reial Acadèmia de Bones Lletres, por su desinteresado asesoramiento estilístico a este libro, que para mí ha supuesto un honor, un privilegio y un enriquecimiento literario.

También mi reconocimiento y sincero agradecimiento a todos los que con su colaboración, pequeña o grande, y su ayuda, han hecho posible este libro.

Índice

Prólogo

Estamos en la falda del 2001. Un nuevo milenio por delante lleno de perspectivas, retos y posibilidades. El siglo que nos ha dejado ha tenido de todo, ha estado tejido de grandes avances y progresos científicos y también de grandes desastres. Las ganancias compensan las pérdidas en lo tecnológico, pero en el aspecto humano han sucedido acontecimientos terribles, desde el nazismo y los campos de exterminio, pasando por las promesas del comunismo que han dejado empobrecida a la Europa del Este. En política, la democracia está extendida de un extremo al otro del planeta, salvo excepciones, una de ellas el continente africano.

El libro que el lector tiene en sus manos aborda el que debe ser el primer argumento de la vida: **el amor.** Lo que el ser humano necesita es un amor auténtico, verdadero, que sea capaz de tirar de la existencia hacia delante, motivando todo el conjunto de ingredientes que se hospedan en nuestro rico y variado patrimonio personal. La vida es un ensayo. La vida enseña más que muchos libros, es la gran maestra. Sus lecciones tienen un tono rotundo, notarial, preciso. También el amor se aprende a darlo y a recibirlo. Pero debo decir antes de seguir, que veo a la palabra amor desmoronada. Hay un uso, un abuso y una falsificación de este término. A cualquier cosa se le llama amor. La falsificación de los conceptos más importantes traduce la desorientación que padecemos. Veo mucha gente perdida en lo fundamental. Uno puede no saber a qué atenerse en cuestiones accesorias, marginales, irrelevantes, de poca repercusión en el proyecto personal. Pero si no se tienen las ideas claras en lo que debe ser esencial, entonces viene la ética del naufragio: "sálvese quien pueda". Y esto es lo que hoy está pasando en buena parte de la sociedad. Este es, a mi juicio, el gran escándalo de principios del Siglo XXI: el gran progreso industrial y tecnológico y el retroceso y confusión en el terreno del humanismo. Son signos de los tiempos, que es menester desenmascarar.

Estamos ante un buen libro. La autora, abogada matrimonialista, ha sabido conjugar claridad expositiva y amenidad, con nitidez en los conceptos y un lenguaje directo y atractivo. Yo lo he saboreado de un tirón. El tema me parece de primera magnitud, pues este comienzo de siglo se abre con tres epidemias importantes: las drogas (en la etapa juvenil), el SIDA (en una fase juvenil más tardía) y el hecho masivo de tantos matrimonios rotos (en casi todas las edades). Amar y ser amado es lo que se necesita para seguir en la vida y superar las mil y una dificultades que ésta nos presenta a lo largo de nuestra travesía. No hay felicidad sin amor. La peor de las carencias es la falta de amor. Pero no hay amor sin renuncias. Tiene el amor, por exigencias del guión, un fondo de abnegación, de ofrenda gustosa, de entrega y generosidad. Si eso no se entiende así, es que no se le ha cogido el aire al tema. Amor y sacrificio forman un binomio inseparable. A la corta no, pero sí a medio y largo plazo.

La autora aborda con maestría el matrimonio y las crisis conyugales. Muchas crisis de pareja son crisis de crecimiento. Y en consecuencia, pueden resolverse positivamente. Tarda uno mucho tiempo en entenderse con otra persona. Es un trabajo lento, parsimonioso, paciente, en el que uno no se puede poner nervioso. Saber esperar y saber continuar: por ese vericueto se irá alcanzando la alegría de una relación estable, positiva, llena de comprensión, disculpa, alegría y perdón. La complicidad me parece un integrante esencial de la vida en común: cuando existe le da alas al amor y éste se levanta huracanado de los roces y tensiones, y sigue su curso ascendente. El realismo de la autora merece ser puesto de relieve. Ella vive con los pies en la tierra, su trabajo de abogada le hace pisar la realidad.

Todo amor auténtico encierra una aspiración a lo absoluto. El amor humano es una de las formas más excelsas de amistad, que tiene una connotación sexual que es importante. Sobre la mesa de la amistad se ponen otros ingredientes: desde la belleza a la inteligencia, pasando por los valores y las capacidades psicológicas. El amor verdadero implica tratar a esa otra persona de forma casi excepcional. Cuando, con el paso del tiempo y por la erosión inevitable de la convivencia diaria, se observan descuidos y adocenamientos, es el momento de reaccionar. Si queremos que este amor ilumine de verdad ambas vidas, es menester mantenerse atento, fino, generoso, disculpador y siempre dispuesto a lo mejor. Ese es el amor que propongo.

El amor inteligente está hecho de corazón, cabeza y espiritualidad. Hay que ser cuidadoso en esa ecuación de sus ingredientes: un amor que sea como un proyecto total, que envuelva a las personas y las empuje a aspirar a lo mejor. Entonces sí que se puede comprender que el amor es el motor del universo, el que le da sentido a todo y con el cual lo empinado se suaviza y los reveses propios de la existencia se superan con más facilidad. Un amor inspirado en lo mejor que el hombre tiene y puede tener. Este sí merece la pena. Hoy vemos, con bastante frecuencia, amores intrascendentes, livianos, pobres, con escasos argumentos y lo que me parece más grave, desconociendo la grandeza, la profundidad y la complejidad de estas relaciones. Verdadero monumento a la superficialidad que, en estas lides, va a llevar a una ruptura, antes o después, porque falla la base; y así, cuando vienen los vientos exteriores que, antes o después, tendrán que venir, porque la condición humana es así... todo se derrumbará a la larga, porque no hay una arquitectura mínimamente sólida, capaz de sostener esa empresa emocional.

Con la esfinge de la palabra amor se acuñan muchas monedas falsas. Se ha mezclado el amor con muchas cosas que realmente no son su centro. Hoy, quizás, una de las que más confunden es llamarle al sexo amor, decir que "hacer el amor" es tener relaciones sexuales. Tamaño error, muy propagado en estos últimos años, está trayendo sus consecuencias muy concretas, pero la más negativa es tener una visión zoológica del amor o reducir el amor a sexo. Los que vayan por ese camino, lo van a tener muy difícil a la hora de establecer una pareja solvente, firme, estable, con capacidad para apostar a un amor duradero.

Porque una cosa es enamorarse, emborracharse de alguien, quedarse prendado de ella, y otra, mantener ese amor con una cierta fuerza con el paso del tiempo. Cuando uno está conquistando, lo que hace es asomarse a lo más íntimo de otra persona y a la vez, descubrir lo que uno lleva dentro. Si la amistad es donación y confidencia, al conocer a alguien por dentro nos entusiasma lo que lleva, aquello de lo que es portador y lo que anuncia con sus palabras, gestos y actitudes. Se da todo un trabajo de exploración recíproca, de captación total, verdadera expedición privada, que busca el por qué de la conducta. En el enamoramiento verdadero entramos por la puerta de la belleza exterior, que es decisiva y cumple un papel clave, para después, más tarde y paso a paso, adentrarnos por otros parajes que llevan a la belleza interior. Entre una y otra se establece un puente, por donde circulan los sentimientos, apoyados cada vez más en la inteligencia y en la espiritualidad.

Todo ello está envuelto en una especie de misterio: que es fascinación y sorpresa, ilusión y deseo de lo mejor. "Quiero compartir la vida contigo". Esta es, para mí, la frase que resume lo que se percibe por dentro. Hay un transvase de ideas, conceptos y visiones de la vida. Por eso, cuando dos personas se están enamorando de verdad y buscan limpiamente lo mejor de modo recíproco, se siente algo muy bien perfilado, aunque se lleve relativamente poco tiempo saliendo con ella: se tiene la impresión de que se la conoce de toda la vida. "Te estaba esperando". "Te necesito a mi lado para diseñar el futuro; y aunque sé las dificultades que este compromiso va a traer consigo, estoy convencido de que las superaremos juntos, a base de comprensión y esfuerzos compartidos. Me juego la vida y me embarco contigo". Cuando el amor es auténtico uno quiere vivir con esa persona para siempre. Es como decirle: "tú no morirás nunca para mí". En una palabra: "eres mi vida".

El amor es siempre referencial, no egoísta. Mira y piensa en el otro, antes que en sí mismo. La vida elimina la soledad y se torna pletórica. Platón dice, en El banquete, que "el amor es deseo de engendrar en la belleza". Y el poeta Ibn Hazm, de Córdoba, en "El collar de la paloma", puntualiza: "dime, si tu amor se desarma, ¿qué harías?". Respondió y dijo: "amaríale para no morir, puesto que el desamor es muerte y el amor es vida..., pero ¿qué cosa es el amor?: muerte de quien vive y vida de quien muere. Dolencia rebelde, cuya medicina está en sí misma si sabemos tratarla; pero una dolencia deliciosa y un mal apetecible, al extremo de que quien se ve libre de él reniega de su salud y el que lo padece no quiere sanar". La fuerza del texto es bárbara, y me lleva a afirmar que amar es vivir en el otro, desde él y para él. Por eso es libertad y prisión. Esas tres palabras lo centran: en, desde y para.

Hay muchos matices que se escapan en este prólogo y que sólo a vuelapluma hemos visto en estas páginas. Rosa Corazón aclara muchos matices de un tema tan importante. La frondosidad de la información que en el libro aparece tiene la nitidez de unos conceptos claros y la firmeza de un criterio consistente.

Enrique Rojas
Catedrático de psiquiatría
Universidad Complutense de Madrid.

Introducción

Siempre me ha gustado escribir y, cuando era niña, en los trabajos de redacción que nos mandaban hacer en el colegio, solía sacar muy buenas notas. Recuerdo una de esas redacciones –yo debía tener unos 12 años– que explicaba la Navidad a partir de la *carita* de un chiquillo de 4 años pegada al escaparate de una tienda, y el cristal estaba frío...

Pero, hasta ahora, nunca se me había ocurrido escribir este libro sobre **las nulidades matrimoniales**. Hace años sí escribí tres libros sobre asuntos jurídicos, como preparadora de oposiciones que era en aquella época. Antes de eso, me habían publicado en prensa un centenar de artículos sobre temas jurídicos, en la página de "normas y tributos" de un periódico económico nacional. Si bien todo lo anterior es prácticamente nada comparado con la aventura de escribir este libro, que comenzó hace ya dos años.

Durante este tiempo he escrito varios artículos de prensa. Uno de ellos: *¿Qué es el matrimonio?*, fue todo un éxito. Poco a poco fue surgiendo en mí la idea de escribir un libro sobre el matrimonio, dado que suelo tratar a muchos matrimonios con problemas.

Últimamente he dado varias conferencias sobre el matrimonio, y eran los mismos asistentes los que me decían: "¿no has escrito en un libro lo que nos has contado?, me gustaría poder tener ese libro, me vendría bien poder leerlo, poder regalarlo". Y aquí está ese libro, en el que unas veces hablo de "mi matrimonio" y ocupo el lugar del lector, y otras veces narro mi experiencia como abogado matrimonialista civil, o bien como abogado de tribunales eclesiásticos y del Tribunal de la Rota de España.

El Derecho es ciencia que mucha gente cree conocer y de la que casi todo el mundo se considera capaz de opinar y discutir; pero por el contrario, hay que procurar evitar decir o hacer disparates, porque a veces se dice o hace cada disparate... Además no hay que olvidar que los procedimientos civiles matrimoniales han cambiado, al entrar en vigor el día 8 de enero de 2001 la Ley 1/2000 de 7 de enero, la nueva Ley de Enjuiciamiento Civil. Por ello he tenido en cuenta la regulación jurídica anterior y la nueva ley con los cambios que conlleva, porque hay procedimientos que se substanciarán por la regulación anterior y otros por la nueva.

Con este libro quiero aportar unos conocimientos jurídicos, tanto de derecho canónico como de derecho civil, y unas vivencias que he ido adquiriendo, primero con el estudio y después con la práctica, y que me parece pueden ser de gran utilidad.

Útiles para los que están a las puertas del matrimonio, para que no se equivoquen en la elección.

Útiles para los que se han casado recientemente y para los que llevan muchos años casados; porque, tal vez, haya algún aspecto que convenga mejorar.

Útiles para los que han fracasado en su matrimonio; para que, si es necesario, acudan sin miedo a un procedimiento jurídico que los proteja, y proteja a los hijos si los hay, de modo conveniente y adecuado.

Útiles para adentrarnos, con verdad, en los procedimientos canónicos de nulidades matrimoniales. Para evitar que, para algunos, siga siendo un *asunto que no se entiende*, *algo oscuro*, e impedir, dentro de mis posibilidades, que circulen sobre las nulidades matrimoniales tantas ideas equivocadas.

Es un libro para leer y una vez leído, para recomendar su lectura; pero además, es un libro para conservar, porque a lo largo de nuestra vida a lo mejor necesitamos volver a leerlo, entero o en parte, o porque nos podemos encontrar con alguien cercano a nosotros que necesite algún conocimiento de los que aquí se transmiten.

Quiero que sea un libro asequible para todo el que lo lea y no sólo para los especialistas; pero también que sea un libro útil para ellos. Un libro serio, porque nuestra vida y nuestro matrimonio lo son, pero también un "libro con chispa", porque hasta el asunto más serio de nuestra vida admite una sonrisa e incluso muchas veces una risa espontánea, una carcajada si no es destemplada, que le hace perder el rigor que, en ocasiones, nos ahoga.

En ocasiones se piensa erróneamente que el matrimonio ha fracasado cuando se va a un procedimiento judicial de separación o de nulidad. Pero no es así, el fracaso es anterior, porque no se rompe lo que ya está roto. Si es necesario ir a un procedimiento judicial no hay que tenerle miedo; eso sí, hay que buscarse un buen abogado y mejor, si es posible, que sea a la vez especialista en derecho matrimonial civil y canónico, porque el matrimonio canónico también produce efectos civiles.

Tanto en mis conferencias como en mis intervenciones en la radio sobre el matrimonio y las nulidades matrimoniales, siempre hay que cortar antes de llegar al final, porque estos asuntos despiertan tanto interés entre el público que no acabaríamos nunca.

En muchas ocasiones he oído comentarios como "es que ahora no se aguanta nada y hay matrimonios que se separan por tonterías". Y tengo que contestar: "yo, de esos, no conozco ninguno; conozco, por el contrario, gente, ellos y ellas, que sufre mucho con sus problemas matrimoniales".

O también comentarios como "ahora todos los matrimonios podrían ser declarados nulos" y contesto "no es verdad: el derecho a casarse es universal y para poder casarse se pide bastante poco; aunque sí, desde luego, es necesario un mínimo".

No obstante digo "sin embargo, sí hay matrimonios que son nulos y hay que ir al tribunal de la Iglesia, que es quien tiene jurisdicción, para que, en nombre de Dios y de la Iglesia, diga que ese matrimonio es nulo, es decir, que nunca existió". Y hay que recordar que no basta la conciencia de que mi matrimonio es nulo, sino que hay que ir a un procedimiento de nulidad matrimonial y aportar, con verdad, todas las pruebas y recibir el fallo de la sentencia que declara la nulidad.

Todo esto, ver que hay tantos errores y confusiones, y comprobar que el matrimonio nos afecta a todos, a unos porque ya se han casado, a otros porque se van a casar y a todos porque, por lo general, hemos nacido de unos padres que un día se casaron, me ha llevado a escribir el libro que ahora tienes en tus manos. Cuento casos reales, con pequeñas modificaciones que no varían lo sustancial, para que no se pueda reconocer a las personas, respetando así el secreto profesional.

Con él quiero también salir al paso de ideas erróneas que circulan entre nosotros sobre las nulidades matrimoniales, aportando mi experiencia en los procedimientos canónicos de nulidad matrimonial. Porque se trata de procedimientos judiciales y, por ello, están sujetos a unas leyes procesales y dictará la sentencia un tribunal, compuesto por tres jueces, que administran justicia en nombre de Dios.

También quiero resaltar que "el matrimonio goza del favor del derecho", como dice el Código de Derecho Canónico, es decir, que el matrimonio, a todos los efectos, se presume válido mientras no se pruebe lo contrario. Por lo que para ir a un procedimiento de nulidad matrimonial, además de tener causa de nulidad, es muy recomendable tener un buen abogado, especialista en la materia, que te dé garantía de honradez y en quien confíes.

El matrimonio es un vínculo, un solo vínculo que une a dos personas, de ahí que o los dos se casan o ninguno de los dos se ha casado, aunque se haya celebrado la ceremonia. Y muchos se preguntan y me preguntan *¿cómo es esto posible?* Y esta cuestión tan compleja, tan delicada y que tiene *"tan mala prensa"* es lo que, entre otras cosas, intento ahora explicar.

Quiero que los capítulos de mi libro sean, como los días de nuestra vida, no todos iguales: unos serán más largos, otros más cortos; unos tendrán más sabiduría práctica, otros más sabiduría teórica; unos tendrán más color, otros sólo darán para blanco y negro, con distintos estilos, pero todos llenos de vida y... ¡entrañables!

I

Las propiedades esenciales
y los bienes y fines del matrimonio

La unidad y la indisolubilidad son propiedades de todo matrimonio porque, por su propia naturaleza, el amor entre un hombre y una mujer, el amor conyugal, es exclusivo y necesita que sea para siempre. Es el famoso "uno con una y para siempre". El amor de los esposos, cuando es verdadero, es sólo para una y sólo para uno: no admite compartirlo y tampoco romperlo a propia voluntad. Por eso estas propiedades son de todo matrimonio, no sólo del matrimonio canónico. Cuando se trata de un matrimonio canónico no se da ningún cambio en esas propiedades, lo que se recibe es la gracia del sacramento: la ayuda de Dios para poder vivirlas bien, estando los cónyuges robustecidos por ella. Pero la gracia ni exime del esfuerzo, ni ahorra dificultades. Como el matrimonio es un camino que nos puede llevar al Cielo, supone una gran ganancia vivir el matrimonio de cara a la eternidad.

La unidad supone casarse sólo con una o con uno y serle fiel; por ello la unidad engloba la unidad propiamente dicha y la fidelidad.

La indisolubilidad implica que el vínculo que se contrae es para siempre y, por ello, el matrimonio rato y consumado sólo se disuelve con la muerte de uno de los cónyuges.

Es causa de nulidad matrimonial el haber excluido, con un acto positivo de la voluntad, una propiedad esencial (la unidad, la fidelidad o la indisolubilidad) o un elemento esencial (la descendencia, por ejemplo) del matrimonio.

El acto positivo de la voluntad no es un simple *yo desearía*, sino que es hacerlo realmente, aunque sólo se haya realizado un acto de la voluntad. Es decir, que la exclusión sea sólo un acto interno, sin manifestaciones en el fuero externo; pero lo difícil será, en este caso, poder probar ese acto interno de la voluntad excluyente de esa propiedad o de ese elemento esencial del matrimonio. Para eso está el trabajo del abogado, que tendrá que estudiar bien la concreta causa matrimonial de los esposos, viendo si hay o no capítulo por el que se puede pedir la nulidad de ese matrimonio, y estudiará bien todas las pruebas con las que se puede contar y cómo aportarlas al procedimiento en la forma adecuada.

Un juez[1], primero civil y luego eclesiástico, de reconocido prestigio y con muchos años de experiencia, y pro-

---

1. Don Carmelo de Diego-Lora en el XXII Curso de actualización en Derecho Canónico celebrado en la Universidad de Navarra en septiembre de 2000.

fesor honorario de Derecho Procesal Canónico, nos decía que "el abogado es el primer juez" y explicaba que, si el abogado es honrado, lo primero que hace es juzgar si hay causa de nulidad matrimonial o no; si la encuentra asumirá la defensa de esa causa, pero si no la encuentra no debe aceptarla.

En todos los casos en los que ha habido una exclusión de la unidad, de la fidelidad o de la indisolubilidad, se ha producido una simulación parcial, porque el simulante ha dicho que sí quería lo que es propio del matrimonio, pero sólo simulándolo, porque lo que realmente quería era otra cosa –ya la poligamia (el matrimonio de un hombre con dos o más mujeres), ya la poliandria (el matrimonio de una mujer con dos o más hombres)–, o porque no estaba dispuesto a ser fiel a su cónyuge, o porque lo que en realidad quería era que no le atara –con esa mujer o con ese hombre con quien ha ido al altar– ningún vínculo que fuera para siempre. En un caso de simulación parcial el esposo le dijo a ella: "a ti y a mí no nos une nada, nos uniría si hubiéramos tenido un hijo". Esto no es verdad, porque el matrimonio une a los esposos, con hijos y sin ellos. Los hijos no hacen un matrimonio. El matrimonio lo hacen los esposos al prestar su consentimiento matrimonial. Si después vienen los hijos, los esposos, además de ser esposos, serán padres; pero si no vienen los hijos, los esposos siguen siendo esposos.

La simulación es difícil de probar porque es un acto de la voluntad, un acto interno, del que no consta nada externamente; y sin embargo, de lo que sí hay constancia es del acto externo con el que los esposos han prestado su consentimiento matrimonial: el "sí, quiero". Es difícil, porque habrá que probar que una persona dijo "sí quiero" entregarme sólo a ti y serte fiel y para siempre, pero internamente dijo lo contrario: nada de fidelidad o de exclusividad, o de indisolubilidad. En caso de duda se presume la validez del matrimonio.

Por eso, cuando la sentencia declara que un matrimonio es nulo es porque la mayoría de los jueces que componen el Tribunal han llegado a la certeza moral necesaria de que se han dado uno o varios de los motivos que hacen nulo un matrimonio según el Derecho Canónico, y que esos motivos han resultado debidamente probados de acuerdo con los medios de prueba que se admiten en todo procedimiento judicial.

Los medios de prueba admitidos en Derecho son: las declaraciones de las partes interesadas (confesión o examen judicial), las declaraciones de los testigos propuestos por las partes y admitidos por el juez, los documentos públicos y privados, el dictamen hecho por un perito (en los procedimientos de nulidad matrimonial el perito puede ser psiquiatra, psicólogo, urólogo, ginecólogo, o también calígrafo), el reconocimiento judicial, y el Código de

Derecho Civil nos dice que también sirven de prueba las presunciones.

Para el Derecho Canónico son admisibles cualesquiera pruebas que se consideren útiles para probar la causa de la nulidad matrimonial y que sean lícitas. La valoración corresponde a los jueces y el auditor que realiza la instrucción de la causa.

He defendido procedimientos de nulidad matrimonial en los que han sido de gran utilidad como documentos privados unas cartas guardadas durante muchos años o una cinta de vídeo o un informe médico de muchos años atrás, que se guardaban sin saber muy bien por qué.

En Derecho Canónico no rige el principio general de que no pueden ser testigos las personas que están vinculadas con alguna de las partes, como sus familiares, pero sí se exige que el testigo sea mayor de 14 años (aunque puede declarar lo que vio u oyó con menos edad) y esté en su sano juicio, y prohíbe tajantemente que sea testigo el sacerdote respecto a todo lo que conoce por confesión sacramental, aunque el penitente pida que lo manifieste, y la misma prohibición rige para todo aquél que, de cualquier modo, haya oído algo con motivo de una confesión.

Lo correcto cuando una persona recibe una citación del Tribunal Eclesiástico es comparecer, porque es de educación contestar cuando a uno le llaman. Pero compareciendo cabe no contestar, comunicando al juez el motivo que se tiene para no declarar. Si a una persona se le cita y no comparece, no manifiesta que no está de acuerdo con el procedimiento; lo que da a entender es que le da igual el resultado y se le tiene por conforme con el fallo del Tribunal.

Es de tal importancia un procedimiento de nulidad matrimonial que la sentencia dictada en él se encabeza con las siguientes palabras: "En el nombre de Dios. Amén" y en ella, acudiendo a la ayuda de Dios y con toda la certeza moral que es humanamente posible, los tres jueces dictan el fallo declarando que ha resultado debidamente probado que el matrimonio es nulo o, por el contrario, se declara que no ha resultado probado aquello por lo que se pidió la nulidad.

Se trata de un asunto que afecta no sólo al bien privado de los contrayentes sino también al bien público y, por ello, la causa necesita ser vista por dos Tribunales (el de Primera Instancia y el de Apelación) y cada uno de estos dos Tribunales ha de estar compuesto necesariamente por tres jueces, y en ambos interviene un Defensor del Vínculo. Las declaraciones de las partes y de los testigos se prestan bajo juramento de decir la verdad y han de estar corroboradas por las demás pruebas y circunstancias que obran en la causa.

El juez que recibe las declaraciones ha de comprobar si el que declara lo hace con libertad, sin coacciones, ni engaños, con seriedad, sinceridad y con coherencia en lo que ha dicho.

Respecto a las propiedades esenciales del matrimonio:

La indisolubilidad del vínculo matrimonial está en la misma esencia de la entrega de los que quieren y aceptan ser esposos entre sí.

En las palabras que pronuncian los esposos al contraer el vínculo matrimonial está clara la exclusividad de su amor y la indisolubilidad del vínculo que contraen, pues uno y otro se dicen: "Yo, ... te quiero a ti, ... como esposa (como esposo) y me entrego a ti, y prometo serte fiel todos los días de mi vida".

El matrimonio es la entrega de una persona a otra persona, que sigue siendo esencialmente la misma durante toda su vida por encima de los cambios, de los esfuerzos y de las crisis que se puedan sufrir, y es imprescindible que esa entrega sea exclusiva e irrevocable, así lo exigen el bien de los hijos y el bien de los propios cónyuges.

No es posible que el amor que entregan y reciben los esposos al contraer su matrimonio sea un amor *de quita y pon*.

La fortaleza del vínculo matrimonial, que es exclusivo e indisoluble, se defiende tanto manteniendo la validez del matrimonio que es válido a pesar de las dificultades que puedan aparecer en la vida matrimonial, como declarando nulo el matrimonio que nunca ha sido válido y en el que ha resultado probada la causa que lo hace nulo desde su origen.

1

La unidad es propiedad esencial del matrimonio

Me he encontrado con algunas personas que tienen miedo a casarse por la Iglesia porque dicen que eso es para siempre; como si fuera la Iglesia la que imprime al amor matrimonial esa propiedad. Pero no es así ya que, como hemos visto en las páginas anteriores, el que sea para siempre está en la misma esencia del amor conyugal.

Lo que la gracia del sacramento del matrimonio hace es dar a los cónyuges una ayuda, una fuerza específica –la gracia de Dios– para vivir bien el matrimonio y a través de él llegar a una plena y auténtica realización personal.

También hemos visto que estas dos propiedades son necesarias tanto por el bien de los hijos como por el bien de los cónyuges y por la propia naturaleza de la unión de los esposos.

El amor que une a los esposos, si es verdad, es un amor que ha causado la entrega de uno a otro, dando al otro todo lo que cada uno es en el momento presente y todo lo que pueda llegar a ser en el futuro. Es una entrega de toda la vida: "sólo para ti y desde ahora hasta la muerte". Si no es así, no es un amor que une en matrimonio. Y se puede ir, por tanto, a un procedimiento de nulidad matrimonial.

Un caso de nulidad de matrimonio por exclusión de la fidelidad por parte del esposo

Llevaban veinte años de "pareja de hecho"; eran lo que ahora llamaríamos "compañeros sentimentales estables". Ella era soltera y él se había casado por la Iglesia hacía unos treinta años, y hacía unos veinte que había abandonado a su mujer y a sus tres hijos un día que se enfadó, *cogió la puerta* y se fue para no volver.

Ella (*la compañera sentimental*) había trabajado, hasta que se jubiló, como asistente social y una compañera del trabajo le habló de mí y de la posibilidad de regularizar su vida; se propuso hacerlo, aunque dejándolo para cuando se jubilara.

Ese día llegó por fin, y vinieron a mí diciéndome que pensaban que el matrimonio de él era nulo.

Como él vivía en Brasil, se había casado por poderes y le habían dicho que, cuando volviera a España, debería ir a su parroquia para ratificarlo, cosa que nunca hizo. Cuando les dije que esa ratificación no era necesaria, pude darme cuenta de que se habían llevado una no pequeña desilusión, porque su matrimonio era totalmente válido, salvo que hubiera otra causa que lo hiciera nulo.

De todos modos, seguimos hablando con confianza y la entrevista, que se alargó más de la cuenta, fue positiva porque descubrí que la causa de nulidad de ese matrimonio podía ser la exclusión de la fidelidad, ya que ese supuesto marido nunca había estado dispuesto a ser fiel a su esposa, ni siquiera a su "pareja de hecho" durante los diez primeros años de esos veinte que llevaban juntos. El hombre me decía "yo antes no lo veía así, pero ahora entiendo que tener relaciones sexuales con una mujer cuando convives con otra, es hacerle un feo a la primera. La infidelidad, en el ambiente en que yo me he desenvuelto, no sólo no era una cosa mala, sino que hasta era un síntoma de mayor hombría".

Para mí fue un dato de enorme importancia cuando me contó que, en Brasil, sus compañeros de trabajo le prepararon "tres muchachitas brasileñas" para que, el día que se casó, tuviera su noche de bodas (no con su esposa, claro está). Y pensé, ¿este modo de iniciar su matrimonio no es una manifestación clara de que excluyó la obligación de ser fiel a la mujer con la que dijo que se casaba?

A medida que avanzaba nuestra conversación, yo me iba adentrando en su familia y en el ambiente en que él había crecido. Me fue contando que su padre tuvo un hijo anterior al matrimonio con su madre, y que este niño vivió con sus padres y con ellos, sus hermanastros, como uno más.

Al preguntarle "¿por qué te casaste?", me contestó: "decían que había dejado embarazada a una chiquita brasileña, hija de un gobernador, y me iban a obligar a casarme con ella. Como prefería casarme con una española, decidí adelantarme porque así ¡ya estaba casado!, y de ese modo era imposible que *me casaran*".

Recuerdo que, al adentrarme en la exclusión de la fidelidad, le dije: "también te habrá influido el mal ejemplo de tu padre ¿verdad?"; pero él, con gran tranquilidad, me contestó: "no, no, peor era el de mi madre". No obstante, dejamos a su madre en paz sin adentrarnos en *su no ejemplaridad,* porque a mí lo que me interesaba era él.

Me contó también que hubo continuas infidelidades por su parte tanto antes, como durante y después de su matrimonio.

Curiosamente conservaba muchas cartas de sus antiguas amantes (unas solteras y otras casadas, unas con hijos y otras sin ellos, de todo había). "Es por *ego* –me decía–, para leerlas, junto a la mujer con la que convivo, cuando lleguemos a *viejecitos*". Y esas cartas, que no se sabe por qué se han conservado y que hubiera sido lógico haberlas roto, fueron una prueba importante que pudimos aportar a ese procedimiento de nulidad matrimonial.

En el caso anterior, tanto en la declaración de la esposa de mi cliente, como en la declaración de la mujer con la que llevaba veinte años conviviendo, así como en las cartas de sus antiguas amantes, se ve que *es un hombre al que las mujeres quieren.* En las cartas le dicen, que "es porque otros hombres van a lo suyo; tú, no". Hasta la esposa demandada, abandonada hace veinte años, hablaba de él en su declaración ante el tribunal con un *cierto cariño* que ni el abandono había llegado a borrar del todo.

Él rehuye, como si tuviera casi *una incapacidad,* someterse a obligaciones, sujetarse a un orden, que alguien le imponga algo, todo tipo de atadura; pero, eso sí, procura no hacer daño a nadie y le gusta agradar, ayudar y hacer feliz a la gente.

Cuando les pregunté "¿Por qué ahora queréis casaros por la Iglesia?", ella me respondió diciéndome: "cuando empezamos a vivir juntos sin estar casados, para mi madre fue el mayor disgusto que le pude dar; y ahora, que ya tiene 90 años y antes de que muera, le quiero dar lo que va a ser, estoy segura, la mayor alegría de su vida".

Él me dijo a continuación: "ella es la que tiene más interés en la nulidad, pero *yo quiero salvar mi alma".* Ante esta afirmación y después de narrarme *tamañas aventuras y malaventuras,* le pregunté: "Oye, ¿tú has rezado algo, alguna vez, en tu vida?". Y me contestó: "sólo aprendí el Padre nuestro, que me enseñó mi madre. Y todas las noches, cuando me meto en la cama, antes de dormirme, rezo un Padre nuestro, que es lo único que sé".

Pensé *"a éste le va a salvar su Padre nuestro"*. Y me vinieron a la memoria esos conocidos versos de Don Juan Tenorio:

"¡Ah!, por doquiera que fui
la razón atropellé,
la virtud escarnecí,
y a la justicia burlé,
y emponzoñé cuanto vi.
Yo a las cabañas bajé,
y a los palacios subí,
y a los claustros escalé,
y, pues tal mi vida fue,
no, no hay perdón para mí".

Y aquellos otros en los que, un poco más adelante, el Tenorio –continuando su diálogo con la estatua de Don Gonzalo–, le dice:

"¡Aparta, piedra fingida!
Suelta, suéltame esa mano,
que aún queda el último grano
en el reloj de mi vida.

Suéltala, que si es verdad
que un punto de contrición
da a un alma la salvación
de toda una eternidad,
yo, Santo Dios, creo en Ti:
si es mi maldad inaudita,
tu piedad es infinita...
¡Señor ten piedad de mí!".

"Misterio es que en comprensión
no cabe de criatura:
y sólo en vida más pura
los justos comprenderán
que el amor salvó a Don Juan
al pie de la sepultura".

"Es el Dios de la clemencia
el Dios de Don Juan Tenorio".

Llevé todo su procedimiento de nulidad matrimonial, propuse las pruebas que estimé pertinentes, asistí a las declaraciones de los esposos y testigos, y recibí el dictamen del perito psiquiatra que examinó a mi cliente.

En su declaración el interesado manifestó que "jamás quiso comprometerse en exclusiva con su mujer y que nunca le fue fiel".

La demandada declaró por su parte que "en el noviazgo veía que él era muy libertino en sus costumbres, y se casó porque pensó que cambiaría; pero que una vez casados, él le faltó constantemente a la fidelidad conyugal, porque decía que ni quería ni podía sujetarse a una sola mujer".

Uno de los testigos depuso: "el esposo era infiel como por naturaleza, de tal modo que para él no existía el compromiso de la fidelidad, que es lo propio del matrimonio y siempre comentó, tanto antes como después de casarse, que tenía derecho a estar con todas las mujeres que quisiera".

Otro testigo declaró en el mismo sentido afirmando que "el esposo le había manifestado que nunca se quiso obligar a tener trato íntimo con una sola mujer".

Otro igualmente afirmó que "el esposo era un libertino total y que incluso decía de sí mismo que él no era para poder sujetarse a una sola mujer".

El perito psiquiatra, que examinó al esposo y estudió todas las pruebas, dictaminó en él una personalidad narcisista[1], de espíritu aventurero, de desconexión de cualquier atadura y con un grado ínfimo de madurez.

---

1. Las características de la personalidad narcisista son: egocentrismo, autoimportancia y autoidealización, necesidad de admiración, necesidad de originalidad, afán de fascinación, inestabilidad emocional, incapacidad afectiva, falta de naturalidad y espontaneidad, exagerada tendencia a la fantasía, despreocupación por los intereses de los demás, alteraciones de la psicosexualidad ("Conócete mejor. Descubre tu personalidad" de Javier de las Heras).

La Sentencia del Tribunal Eclesiástico consideró que la personalidad dictaminada por el psiquiatra coincidía plenamente con el modo de pensar y de actuar del esposo, contrarios a asumir la obligación de la fidelidad y declaró que, tras las pruebas practicadas, sí constaba la nulidad de ese matrimonio por exclusión del bien de la fidelidad conyugal por parte del contrayente.

El Tribunal de la Rota confirmó la Sentencia del Tribunal Eclesiástico y le impuso la prohibición de contraer matrimonio canónico sin previa autorización del Ordinario del lugar.[2]

Tanto él como ella, antes de contraer matrimonio, recibieron clases particulares de catequesis y ella recordó muchas cosas que había aprendido de niña y casi tenía olvidadas; y él aprendió de Dios, de la Iglesia y de la religión, cosas que nunca había oído.

Le pregunté a ella: "¿Conviviendo durante veinte años, por qué no os casásteis civilmente cuando él obtuvo el divorcio de su matrimonio y el divorcio ya estaba en vigor en España?". Y su respuesta fue: "Porque yo sé que el matrimonio es por la Iglesia. Si no nos podíamos casar por la Iglesia, me daba igual estar casada civilmente, que conviviendo, que *arrejuntada*. ¡O por la Iglesia, o nada! Y además, de ese modo si nos peleábamos, *cada*

---

2. En cada diócesis el Ordinario del lugar es el Obispo diocesano y el Vicario General.

uno por su lado, y no había lío de jueces, ni de abogados, ni de nada...".

Yo me casé con un hombre que estaba casado

Fui a dar una conferencia sobre el matrimonio y las nulidades matrimoniales. La conferencia fue en la Casa de la Cultura y me presentó el Notario de la localidad. Al terminar la exposición hubo un coloquio con los asistentes. Cuando salíamos se me acercó una señora y me dijo: "¿le puedo preguntar una cosa?". Le contesté que sí; pero la realidad es que no quería preguntarme nada, sólo contarme: "yo me casé con un hombre que estaba casado". Se fue a trabajar a Alemania y allí se enamoró de un alemán, ellos se vinieron a España y se casaron aquí. Les fue mal y se separaron. Y después ella descubrió que él ya estaba casado con una mujer alemana, con la que había tenido una hija y de la que posteriormente se había divorciado. Pero que de ese matrimonio canónico de dos personas bautizadas, que sí constaba en el Registro de Alemania, no se sabe por qué en España no se había conocido su existencia, impidiendo que se celebrara aquí el matrimonio canónico posterior. Y ella me decía: "¿si algunos consiguen la nulidad de su matrimonio con tanta facilidad, yo cómo no voy a conseguir que mi matrimonio se declare nulo, si me casé con un hombre que ya estaba casado?". Le manifesté que era necesario que consiguiera los documentos que probaban que ese hombre estaba casado anteriormente y que ese matrimonio no se había declarado nulo con posterioridad. Si eso era así, existía un impedimento, llamado impedimento de vínculo, que hace nulo el matrimonio posterior. Y que ella tenía que dirigirse a la parroquia y al Registro Civil donde constasen uno y otro matrimonio, para obtener las correspondientes Partidas.

Ella consiguió los certificados –civil y religioso– de ambos matrimonios y pude comprobar que la primera mujer ya había fallecido cuando ella se casó con el alemán, por lo que su matrimonio era válido.

Parte dispositiva de una Sentencia

En la parte dispositiva de una Sentencia que declara que no consta la nulidad de ese matrimonio por exclusión de la unidad del vínculo por parte del esposo, se afirma: "la exclusión de la unidad del vínculo, en la medida en que se considere un capítulo autónomo del de la fidelidad, no parece que pueda aplicarse aquí, pues en otro caso se trataría de una bigamia de hecho y eso no aparece como querido por el esposo, sino más bien todo lo contrario, pues nunca quiso él someterse a una sola mujer, nos ha manifestado, menos aún a dos, porque la realidad es que no quiso someterse a ninguna; aunque sí quería tener una mujer que lo cuidase".

Continúa diciendo que de todas las pruebas que constan en la Causa no aparece, por ninguna parte, que él excluyera, con un acto positivo de su voluntad, la unidad del matrimonio.

El fundamento de la unidad está en que la entrega y aceptación de toda la persona que supone el matrimonio, no admite que se pueda dividir, ni compartir. Precisamente por ser personal (lo que se entrega y se acepta es toda la persona), exige que esa entrega sea plena, total y exclusiva.

La fidelidad se ha considerado, en muchas ocasiones, una característica del matrimonio incluida en la unidad o equiparable a ella.

Cabe también hacer distinciones entre la unidad y la fidelidad, y entender el atentado específico contra la unidad en el que quiere varios vínculos conyugales simultáneamente (sería la bigamia, por ejemplo), y el atentado específico contra la fidelidad en la falta contra el compromiso adquirido que, unas veces, daría lugar al adulterio pero no a la nulidad y otras veces, si ha habido exclusión, con un acto positivo de la voluntad, de la obligación de ser fiel al consorte, sí que daría lugar a la nulidad del matrimonio.

2

La indisolubilidad del matrimonio

El amor de los esposos es de tal naturaleza que necesita ser para siempre; es un amor que –si es verdadero– está *pidiendo a gritos* la indisolubilidad, porque en este amor lo que se ha producido es la *entrega de la persona a la persona*. Se trata de una entrega única y de un amor único, que es distinto del amor a los padres, a los hijos, a los amigos, a los seres más queridos.

Este amor incluye la atracción, la sexualidad y el querer el bien del otro, ya que "se forma pasando por la atracción, la concupiscencia y la benevolencia", nos dicen los filósofos[1]. Y en este amor, el paso del "yo" al "nosotros" es esencial.

Hay gente que no se casa por la Iglesia porque –dicen– todavía no están seguros de que su amor sea para siempre, o no están seguros de que sea para siempre el amor

_____

1. *Amor y matrimonio*, Karol Wojtyla, página 117.

del otro, o no están seguros de no fallar ellos mismos; pero entonces, lo cierto es que ese amor no es todavía un amor verdadero y maduro. La madurez exige ir tomando decisiones a lo largo de la vida; si no, nunca haríamos nada. Y al que tuviera miedo de equivocarse se le podría decir "pon los medios para no errar".

Como la unidad y la indisolubilidad son propiedades esenciales del matrimonio, excluirlas del consentimiento hace nulo el matrimonio. Unidad e indisolubilidad están insertas en la misma esencia del matrimonio, que dura hasta la muerte de los cónyuges, que es lo único que disuelve el matrimonio, rato y consumado, válidamente contraído. Pero aún hay más: "el amor es más fuerte que la muerte" nos dice la Biblia en el Cantar de los Cantares[2].

Respecto a la fuerza del amor, el Cantar de los Cantares continúa afirmando: "las muchas aguas no han podido extinguir el amor, ni los ríos podrán sofocarlo. Aunque en recompensa de este amor, un hombre dé todo el caudal de su casa, lo reputará por nada".

La realidad es que el divorcio civil no disuelve el vínculo matrimonial que se ha contraído con un matrimonio canónico, aunque la ley civil diga otra cosa.

---

2. Cantar de los Cantares, capítulo 5, versículos 6 y 7. El amor de Dios para con su pueblo fue representado por los profetas en un matrimonio sellado con la alianza divina. En "El Cantar de los Cantares", bajo la imagen del amor y la fidelidad conyugal, se ponen de manifiesto la relación y el amor de Dios para con su pueblo.

El matrimonio es indisoluble, y no es posible darse en matrimonio y reservarse la duración del vínculo: no admite la posibilidad de romperlo por propia voluntad. Querer un matrimonio disoluble es pretender permanecer como dueño de la entrega que se ha hecho y, por lo tanto, no es una verdadera entrega. Al casarse los esposos, uno a otro, se prometen "serte fiel todos los días de mi vida" y esto les obliga mucho más intensa y profundamente que cualquier otra entrega.

En la vida del hombre hay cosas que son para siempre, a pesar de lo que suceda con posterioridad. Por ejemplo, una vez que nos nace un hijo, ese hijo ya lo es para toda la vida, nos guste tenerlo o no, sea normal o no, se porte bien o se porte mal, sea buen o mal hijo. Si constituida la filiación ya somos padres de ese hijo, y el hijo es hijo de sus padres ya para siempre ¿no es lógico y razonable que constituido el matrimonio, mediante el consentimiento libre y válido de dos personas con capacidad para obligarse, sea ya para siempre?

Hay una entrega y una aceptación recíproca de una persona a otra, tal y como es en el momento presente, pero también con todas las posibilidades de futuro, con los cambios y con las crisis que podamos experimentar. En época de crisis urge ir a las fuentes y buscar las raíces, porque el matrimonio sigue ahí.

Algunas nociones jurídicas acerca de la indisolubilidad del matrimonio y sobre el "acto positivo de la voluntad" excluyéndola, que hace nulo el matrimonio

Ya hemos visto que, para que el matrimonio sea nulo por exclusión de una propiedad esencial del mismo, es necesario que esta propiedad esencial se excluya con un acto positivo de la voluntad.

¿Cómo puede darse ese acto positivo de la voluntad?

1.- Puede darse por una manifestación seria y firme, como sería la de un cónyuge que le dijera al otro: "Ahora nos casamos; pero si un día tú o yo no queremos seguir juntos, cada uno por su lado y no nos ata nada: para eso está el divorcio". Esto es algo que habrá que probar.

2.- Puede darse por medio de un pacto o de una condición, como sería la del cónyuge que le dijera al otro poco antes de la boda: "Yo me caso contigo, pero con la condición de que tú aceptes ahora que si un día yo no quiero seguir contigo, cada uno por su lado y no nos ata nada; porque si no es con esta condición, yo no me caso contigo".

En este segundo caso, la prueba de que se ha excluido la indisolubilidad en ese matrimonio es mucho más fuerte que en el caso anterior, pero sería necesario conseguir que resultara debidamente probado en el procedimiento.

Que uno de los dos haya manifestado, en algún momento anterior a la boda, que prefería casarse sólo civilmente, tampoco es suficiente para poder presuponer que esa persona se casó excluyendo que el matrimonio que contraía era para toda la vida, porque lo que sí consta es que luego se casó canónicamente, tal y como lo hizo; y por lo tanto, lo que se presume es que quiso contraer su matrimonio tal y como es: indisoluble.

En un procedimiento de nulidad matrimonial por esta causa habrá que probar que el que hizo el acto de exclusión tenía (cuando se casó) la firme voluntad, el propósito firme, de disolver su matrimonio si le iba mal. La exclusión de la indisolubilidad no se puede presuponer, habrá que probarla en cada caso concreto; no bastará alegar, por ejemplo, que cuando se casó tenía mentalidad divorcista. Además habrá que probar, no sólo que excluyó la indisolubilidad al casarse, sino también por qué la excluyó, qué motivo tenía para no querer un matrimonio para siempre. Jurídicamente a la primera se le llama *la causa de la nulidad* y a la segunda *la causa de la simulación*. Y todo ello poniendo de manifiesto todas las circunstancias antecedentes, concomitantes y consecuentes.

Al terminar un procedimiento es satisfactorio comprobar cómo todo encaja: las declaraciones de los esposos son congruentes con las declaraciones de los testigos y con las otras pruebas aportadas, y se ha puesto de manifiesto la vida de esas personas con su situación concreta en el momento de prestar el consentimiento matrimonial, que ha estado determinada por unas circunstancias que se han podido ir apreciando; las pruebas son conformes entre sí, se dice en terminología técnico procesal *las pruebas son contestes*, porque hay coincidencia en lo que dice uno y otro testigo, aunque puede haber cosas que no sean exactas porque un testigo las desconocía, o porque las haya olvidado, o porque lo que él oyó estaba equivocado, etc. Pero, a pesar de todo, hay coincidencia.

El consentimiento interno de los que se casan es el que realmente cuenta para producir el matrimonio, porque la voluntad del contrayente radica en el consentimiento interno. La manifestación externa de la voluntad de casarse que se plasma en el "sí, quiero", si no se corresponde con la verdadera voluntad, que es la interna, no produce el matrimonio. Pero lo difícil es probar esa voluntad interna.

Caso de matrimonio nulo por exclusión de la indisolubilidad

Hace años me contó mi padre, por aquel entonces notario en activo, que se había presentado en su notaria un joven cuyos padres le eran conocidos, y le había propuesto que protocolizara (incorporara al protocolo notarial) un documento privado, escrito de su puño y letra, en el que manifestaba claramente que para él el matrimonio canónico que iba a contraer no era indisoluble y que, por lo tanto, se reservaba el derecho a romperlo cuando él lo considerase oportuno. Mi padre no accedió a esta petición.[3]

Es una indigna *triquiñuela jurídica* redactar ese documento y pedir su incorporación al protocolo notarial, y desde luego es manifestación de *mala fe*; pero si se consigue incorporar al protocolo notarial ese manuscrito, en el que consta que uno o una ha excluido el carácter indisoluble del matrimonio que próximamente va a contraer, y se aporta a un procedimiento de nulidad matrimonial como prueba documental, muy posiblemente sirva para que el tribunal tenga que declarar la nulidad de ese matrimonio por exclusión de la indisolubilidad.

Al ser un documento privado incorporado a un documento público (el Acta Notarial) consta el contenido del

---

3. El protocolo es un libro registro numerado, rubricado o sellado, que lleva cada Notario en su calidad de *fedatario público extrajudicial*.
Cuando un documento privado en el que consta una manifestación se ha incorporado, en forma legal, al protocolo notarial, su incorporación se ha hecho por medio de un Acta Notarial; como ésta sí es un documento público, sirve para dar fe de la fecha en la que se ha hecho esa manifestación.
La protocolización de un documento privado no le da el carácter de documento público al que sólo es un documento privado, pero sí sirve para que se pueda declarar auténtica la fecha en la que se otorgó ese documento, y da fe, incluso ante terceros (pudiendo hasta causarles perjuicios), de la fecha en la que se hizo esa manifestación.

documento que es la manifestación del chico de que no se casaba para siempre y consta la fecha de esa manifestación, que será inmediatamente anterior a la boda. Y ese contenido y esa fecha tienen eficacia frente a todos (la terminología jurídica dice que tienen eficacia *erga omnes*). Y si esa manifestación es inmediatamente anterior a *ir al altar,* muy posiblemente servirá para probar que el manifestante excluyó la indisolubilidad de ese matrimonio que simuló contraer, porque el fedatario certifica que le fueron dichas a él esas palabras, por esa persona y en la fecha que se hace constar.

Verdaderamente cabe afirmar, sin lugar a dudas, que quien rechaza la unidad o la indisolubilidad no quiere casarse; y por eso, su matrimonio será nulo[4] desde el inicio. Y aunque hayan ido a la iglesia vestidos de novios y se hayan celebrado la ceremonia religiosa y el banquete y hayan recibido los regalos, el que ha rechazado la unidad o la fidelidad –con un acto positivo de su voluntad– no se ha casado. Sólo ha simulado que se casaba; y si uno de los dos no se ha casado, no ha existido matrimonio. No obstante, no basta con pensarlo, habrá que acudir al Tribunal de la Iglesia para que así lo declare.

---

4. Es nulo el matrimonio del que realmente no se ha casado.

3

Bienes y fines del matrimonio

El matrimonio es una alianza, un pacto, algo que liga, que une a los cónyuges, de ahí el nombre de alianza que se da al anillo que sella, de un modo gráfico, el matrimonio.

Respecto al anillo, recuerdo una boda civil durante el año que fui juez sustituto. Después de leer a los contrayentes los artículos[1] que declaran que el marido y la mujer son iguales en derechos y deberes, que los cónyuges están obligados a vivir juntos, guardarse fidelidad, actuar en beneficio de la familia, respetarse, ayudarse y socorrerse mutuamente, les pregunté a los novios, que eran ingleses y protestantes: "¿Han traído ustedes los anillos?" (se lo pregunté no porque los anillos sean obligatorios en un matrimonio civil, sino porque es lo usual), y me contestaron: "Los hemos traído pero, como somos

---

1. Artículos 66, 67 y 68 del Código Civil.

personas religiosas, para nosotros es más importante la ceremonia de esta tarde y, si usted no tiene inconveniente, nos gustaría reservar las alianzas para entonces". Les contesté que no había ningún inconveniente. Seguimos la ceremonia y les declaré que, por el poder que me otorgaban la Constitución y las leyes, quedaban unidos en matrimonio.

Estos derechos que hemos mencionado no rigen sólo para el matrimonio civil, sino para todo matrimonio –civil, canónico, o de cualquier otra confesión religiosa inscrita como tal– al que se le aplica nuestro Derecho Civil.

La alianza en el matrimonio canónico, es de tal naturaleza, que implica un *consorcio de toda la vida*. De ahí que a los esposos también se les llame consortes, porque son dos personas que unen sus vidas –todo, en cada una de esas dos vidas– para que corran la misma suerte.

Esa unión única, que supone el *consorcio de toda la vida,* está ordenada, orientada –por su misma índole natural– al bien de los cónyuges y al bien de los hijos: a la generación y educación de los hijos.

El término alianza tiene una dimensión humana que está sustentada en la libertad, sin ella no se da el matrimonio. No se trata de una libertad perfecta, como la que podíamos imaginar sin recibir ningún tipo de influencias; pero sí de la libertad que es indispensable para poder ser dueño de nuestros propios actos y comprometer el presente y el futuro.

El matrimonio canónico sólo se puede dar entre un hombre y una mujer, entre dos personas heterosexuales.

Un caso de nulidad de matrimonio por incapacidad en el esposo para asumir las obligaciones del matrimonio, por error en cualidad y por error doloso, por homosexualidad

La Sra. M y el Sr. V contrajeron matrimonio canónico el día 16 de septiembre de 1990. Se conocieron en las fiestas de Pascua de 1983 y no pasó mucho tiempo hasta iniciar el noviazgo. Ella tenía quince años y él diecisiete. El noviazgo duró aproximadamente siete años y fue, en términos generales, armonioso y pacífico. Vivían en pueblos distintos, aunque separados solo por dos Kilómetros. Solían verse casi todos los días. Pero este hecho de vivir en pueblos distintos no facilitó un buen conocimiento personal y familiar entre ellos.

Al poco de celebrada la boda, según la esposa en el mismo viaje de novios, surgieron desavenencias entre los nuevos esposos a causa de la diversidad de tendencias y criterios, sobre todo en el ámbito de la intimidad sexual. A los siete meses de la boda, llegó al conocimiento de la actora que el demandado había estado en un bar de ambiente homosexual. La actora preguntó al demandado qué había al respecto y éste le confesó que era verdad todo lo que le habían dicho, que tenía relaciones homosexuales desde varios años antes del matrimonio, prometiéndole que haría todo lo posible para dejar de tenerlas. Pasado un mes, la esposa sorprendió a su marido "in fraganti" en el propio domicilio conyugal. Hasta esa fecha la actora se había estado negando al modo de las apetencias sexuales del demandado. Pero desde el hecho ocurrido, se negó en absoluto a tener intimidad con su esposo, perdió el afecto que sentía hacia él y entró en una profunda crisis emocional. Quería separarse, pero sus padres, desconocedores del problema de fondo, le aconsejaron que no lo hiciera. Su crisis fue tan profunda que llegó incluso a atentar contra su propia vida. Al salir del hospital, y bajo tratamiento psiquiátrico, fue recuperándose como persona, no tardando en producirse la separación de hecho. La convivencia conyugal duró aproximadamente unos diez meses.

La esposa presentó ante los Tribunales eclesiásticos demanda de nulidad de su matrimonio, alegando el capítulo de incapacidad en el esposo para asumir las obligaciones esenciales del matrimonio por causas de naturaleza psíquica.

El esposo manifestó en su confesión que empezó a mantener relaciones homosexuales cuando tenía unos veinte años. De soltero las solía mantener los fines de semana, trasladándose para ello a Valencia y ya casado hacía lo mismo, pero con menos frecuencia. Estas relaciones sexuales se alternaban con las relaciones íntimas que tenía con su mujer, porque consideraba normal esa actividad sexual. Señaló repetidamente que uno de los motivos de las frecuentes desavenencias en el matrimonio fue la cuestión de las relaciones íntimas, que la esposa no quería tener, y a las que ella se negó de manera rotunda cuando él le confesó que tenía y había tenido relaciones homosexuales. Decía el esposo: "Cuando contraje matrimonio, yo sí me sentía capaz de asumir las obligaciones esenciales del matrimonio, aunque de hecho no las cumpliera totalmente, y la causa la desconozco".

La esposa declaró que, aproximadamente a los siete meses de casados, unos amigos le comunicaron el posible comportamiento homosexual de su esposo, pero ella no quería creerlo. No obstante, cuando el demandado volvió al hogar, ella le expuso lo que le habían contado, y la reacción de él fue, según ella: "Se quedó un rato en silencio, al cabo del cual me dijo que era verdad, y que eso venía ocurriendo desde unos cuatro años antes de casarnos, desde el servicio militar. Mi esposo no me pidió perdón en ningún momento por su comportamiento". El esposo manifestó a la esposa que haría todo lo posible para dejar de tener esas relaciones, dándole ella un margen de confianza que no surtió efecto. La intimidad conyugal había sido conflictiva desde el mismo viaje de novios, porque el esposo le pedía lo que ella consideraba que no podía, ni debía darle.

En el informe psicológico se declaró que en el esposo se encontraban preferentemente anomalías de identificación sexual con atracción por el propio sexo, sin que figuraran datos que permitieran diagnosticar otros trastornos de personalidad, a no ser la frialdad afectiva con que planteaba sus problemas de tipo sexual, y que en definitiva sería un rasgo compatible con la existencia de una personalidad psicopática. Apuntaba la posibilidad de que el esposo, tal como vivía su anomalía psíquica, sufría un grave defecto de discreción de juicio, aunque estaría en primer plano la incapacidad para asumir y cumplir las obligaciones esenciales del matrimonio. El esposo afirmaba que, antes de contraer matrimonio, le ocultó a su esposa sus relaciones homosexuales.

Los testigos en sus declaraciones apoyaban el engaño y el error sufridos por la actora. De lo declarado por los testigos se pudo deducir que la actora, de haber conocido cómo era de verdad el demandado, no hubiera contraído matrimonio con él.

La sentencia declaró la nulidad de este matrimonio por incapacidad del esposo para asumir y cumplir las obligaciones esenciales del matrimonio por causas de naturaleza psíquica, por error, sufrido por la esposa actora, en las cualidades del esposo directa y principalmente intentadas, y por error doloso producido por el esposo demandado y sufrido por la esposa actora. Es decir, por defecto y por vicio en el consentimiento.

Bienes y fines del matrimonio

Los bienes del matrimonio que son el bien de los cónyuges y el bien de los hijos, son al mismo tiempo sus fines, en cuanto que por su esencia el matrimonio está ordenado a ellos.

No se puede hablar de la comunidad conyugal sin hacer referencia a sus fines y es imprescindible su comprensión y su unidad para entender las propiedades esenciales del matrimonio, porque vienen derivadas y exigidas por sus fines. Es necesaria la ayuda mutua de los esposos en la vida conyugal y en la generación y educación de los hijos.

II

CRISIS MATRIMONIALES:
Fracasos matrimoniales
La separación matrimonial
El divorcio

4

Fracasos matrimoniales

En presencia de una situación difícil podemos preguntarnos ¿verdaderamente ha fracasado mi matrimonio? Habrá, entonces, que extremar la prudencia.

No toda situación matrimonial difícil tiene que acabar en fracaso, porque el hombre es un ser que se supera, y si queremos y ponemos los medios, también se puede superar una situación matrimonial difícil.

Una señora me dijo que sus hijos, por ley de vida, se le irían un día del hogar y que cada uno de ellos se organizaría de forma independiente y como bien le pareciera, por lo que dentro de poco –continuaba diciéndome– lo que verdaderamente tendré, y casi lo único, será mi marido y lo mismo le pasará a él, que casi me tendrá sólo a mí cuando se jubile.

Puede haber fracaso matrimonial, superarlo y robustecerse el matrimonio. Puede haber un fracaso matrimonial que dé lugar a una separación o un divorcio. Puede haber fracaso matrimonial y, a través de un procedimiento judicial eclesiástico, declararse que ese matrimonio canónico es nulo. Será necesario para ello:

1. Que haya causa o motivo de nulidad según el Código de Derecho Canónico. El término jurídico es *"capítulo o capítulos"* por los que se demanda la nulidad.

2. Que esa causa de nulidad resulte suficientemente probada.

3. Que la prueba sea de tal naturaleza que la mayoría de los jueces que integran el tribunal eclesiástico lleguen a la certeza moral de que ese matrimonio es nulo, es decir, que nunca existió.

También cabe, lamentablemente, que haya fracaso matrimonial y que, a pesar de ello, el matrimonio sea válido porque, desde luego, no todo matrimonio fracasado es un matrimonio nulo.

¿Por qué puede fracasar un matrimonio que es válido?

Puede ser porque se ha contraído mal –son los casos en los que me dicen "yo me casé con un hombre (o con una mujer) que no tenía nada que ver con quien yo conocí de novios"– o puede ser porque lo hemos destrozado.

Al inicio de cada año, el Papa celebra una reunión con el Tribunal de la Rota romana y pronuncia una alocución, dando unas directrices sobre las nulidades matrimoniales que tienen transcendencia para el mundo entero.

En la Alocución al Tribunal de la Rota romana del 5 de febrero de 1987 el Papa habló de este tema en los siguientes términos: "el fracaso de la unión conyugal jamás es, en sí mismo, una prueba para demostrar la incapacidad de los contrayentes". A continuación explicó que ese fracaso puede tener como causa:

- el haber descuidado o usado mal los medios naturales y sobrenaturales a disposición de los esposos
- que los esposos pueden no haber aceptado las limitaciones inevitables y el peso de la vida conyugal, por un bloqueo de naturaleza inconsciente
- la existencia de leves patologías que no afectan a la sustancial libertad humana
- la existencia de deficiencias de orden moral

Un matrimonio puede fracasar, por ejemplo, por infidelidad; pero seamos objetivos, una infidelidad viene preparándose desde una larga temporada anterior.

Un fracaso matrimonial va precedido de una larga lista de omisiones, de abandonos, de olvidos... muchas veces en cosas que, aparentemente, no son tan importantes.

El Doctor Enrique Rojas nos dice en su libro *El amor inteligente*: "el amor es un arte trabajado con el corazón y apoyado en la cabeza, y en él cuenta nuestra memoria que nos trae el recordatorio de lo que hemos ido viviendo, los aprendizajes sucesivos hasta dar con la mejor fórmula personal posible". Y más adelante en el mismo libro: "el amor conyugal hay que cuidarlo a base de cosas pequeñas y protegerlo de los vientos exteriores". Y en el capítulo que titula *Es fácil enamorarse y difícil mantenerse enamorado* afirma: "el amor inteligente está integrado por los siguientes elementos imprescindibles: corazón, cabeza y espiritualidad".

Mi experiencia me dice que para sacar a flote un matrimonio es fundamental querer salvarlo, por encima de todo y a pesar de los pesares.

Hay murallas entre las personas que se derrumban a base de cariño. Al principio no hay correspondencia a esos detalles de cariño, después escasa correspondencia, y al final es posible que lo que antes era como un muro, se venga abajo.

"El perdón es el arma que desarma"[1].

Hay cosas que sólo se hacen por amor o por una generosidad inmensa. ¿Estoy dispuesto a ello si fuera necesario para salvar mi matrimonio? Se puede pasar por situaciones en las que salvar el matrimonio exija esa generosidad, y no va a ser el primer caso.

---

1. Mensaje de Juan Pablo II del 9 de febrero del 2001 con motivo de la Cuaresma.

En la vida pueden ocurrir desastres y hasta tragedias. A unos les llevan a estar más cerca de Dios porque "si no ¿qué sería de mí?", dicen con toda claridad y a otros les llevan a renegar de Dios[2]. Lo mismo pasa en el matrimonio: a unos las dificultades les llevan a unirse más y a otros les separan.

Las dificultades, ya sean por el trabajo, por causa de los parientes, con los hijos, de carácter, entre nosotros, en nuestras relaciones íntimas, causadas por una enfermedad o de cualquier otro tipo, pueden unirnos más o separarnos. Y en buena parte, uno u otro resultado dependerá de nosotros mismos. Hay que procurar que todo lo que nos ocurra, bueno o malo, nos sirva para unirnos más.

Una mujer me lo contaba muy preocupada: "Las dificultades siempre nos han unido. Porque entonces los dos hemos necesitado, más que nunca, tener nuestros momentos de intimidad, compartir las preocupaciones, apoyarnos uno en el otro y siempre nos han servido para que no diéramos un paso sin haberlo consultado entre nosotros. Ahora es la primera vez que no nos pasa esto. Quiero evitar que desemboque en algo malo para nuestra relación".

---

2. Cfr nº 9 de la Carta Apostólica "Salvifici doloris"de S.S. Juan Pablo II.

Un caso de nulidad matrimonial por alcoholismo

Ella vino a mi despacho acompañada de su padre. Me contó que se había casado hacía ocho años y tenía cuatro hijos *pequeñajos*. Había llegado al punto de no poder soportar más a su marido y hasta su simple olor le repelía, porque olía a alcohol.

Había intentado salvar su matrimonio, pero ya se daba por vencida tras haber sufrido mucho.

El marido era un irresponsable en su trabajo, como también lo había sido con sus estudios, sin lograr terminar la carrera de Empresariales, cosa que ocultó hasta después de la boda. Ahora había montado su propia empresa, pero ella no sabía bien ni cuál era el trabajo de su marido, ni con cuánto dinero se podía contar para la casa.

Él se gastaba mucho dinero en alcohol. Le pregunté: "¿Pero, durante el noviazgo no te diste cuenta de que bebía?". El padre de ella me respondió: "Durante el noviazgo él la dejaba en casa a las 10 de la noche y nosotros decíamos '¡fíjate que chico tan formal, comparado con lo que hay, ahora, por ahí!...'. Lo malo es que a esa hora él se iba de juerga con la botella y sus amigos". La hija me contestó, como ya me han respondido en otras muchas ocasiones: "Yo sí me di cuenta de que le gustaba mucho beber, hasta lo vi borracho en varias ocasiones antes de casarme. Pero yo me decía: como nos queremos, esto se arreglará en cuanto nos casemos; yo conseguiré que cambie, yo le haré cambiar".

En una ocasión él sí reconoció que bebía; pero en otras muchas lo negaba o se autodenominaba simplemente *"un bebedor social"*, o decía que bebía por evasión y que podía dejar de beber en cuanto quisiera. Lo malo es que nunca quiso o nunca demostró que quería.

Otro día, estando los dos en el coche, con los chiquillos en el asiento de detrás, él sacó de debajo de su asiento una botella y sus videos pornográficos; entonces ella se acercó a él y le dijo *bajito* señalando los videos: "como corrompas a los niños con esto, te rajo".

Él tampoco era de fiar en el aspecto económico. Le había engañado muchas veces y en una ocasión hasta llegó a quitarle todo el dinero que ella tenía en su cuenta corriente para prestárselo a sus amigos que, por supuesto, nunca se lo devolvieron. Y ya eran tantas las veces que le había mentido que, me dijo, "no puedo más".

Consiguió que él fuera un par de veces al psiquiatra, pero sin hacerle ningún caso, porque –decía– "yo no lo necesito, eres tú la que lo necesita. Yo puedo dejar de beber en cuanto me dé la gana". Lo malo es que nunca le dio.

La esposa y yo fuimos a hablar con el psiquiatra y nos comentó que, con sólo dos entrevistas que había tenido con él, no podía decirnos si el esposo tenía algo psíquico que le producía gran sufrimiento y le había llevado al alcohol o, por el contrario, era el alcohol el que le había ocasionado el deterioro psíquico que ahora tenía.

El psiquiatra nos comentó que el alcohólico pierde hasta su identidad sexual, pudiendo llegar a actos de homosexualidad, como así había ocurrido.

Ella tenía, tal vez, una conciencia muy estricta, de excesivo rigor y me había dicho: "No puedo ir a un procedimiento de nulidad matrimonial, porque yo sí me casé: sabía con quién me casaba y quería casarme con él. No puedo ir a una nulidad, porque yo me casé". Le contesté: "El matrimonio es un vínculo que une a dos personas, un solo vínculo, y para que exista ese vínculo es necesario que los dos os hayáis casado. Si él no se casó por ser incapaz para el matrimonio, tú tampoco estás casada. En un matrimonio, o se casan los dos o ninguno se ha casado". Pero noté que ella no llegó a entenderlo del todo.

Pasados los años me enteré de que ya no pudo aguantar más y había abandonado la fe tirándolo todo por la borda y que ahora estaba liada con otro. Lamenté que, en su momento, ella no hubiera ido a un procedimiento de nulidad matrimonial.

He conocido varios casos de alcoholismo del esposo y sólo dos de alcoholismo de la mujer. Los expertos dicen que aún es más grave, y más difícil conseguir salir de él, cuando se trata de una mujer. En todos los casos de alcoholismo, tanto la vida del que lo padece como la de los que están a su alrededor es prácticamente un infierno. Es imprescindible reconocerse alcohólico y recibir ayuda ajena para poder superar la adicción. Tengo muy buena experiencia de asociaciones de ayuda para los alcohólicos, sin ánimo de lucro y cuya ayuda es gratuita.

He conocido hijos de padres alcohólicos que, en mayor o menor medida, acaban siendo alcohólicos a pesar de haber visto la vida de enorme sufrimiento de su madre y en lo que ha acabado su padre; pero también he conocido hijos de padres alcohólicos que se niegan rotundamente a beber ni una sola gota de alcohol, porque ¡ya han visto bastante!

¿Puede ser causa de nulidad de un matrimonio canónico el alcoholismo de uno de los cónyuges?

Sí, es posible. Estaría dentro de los supuestos contemplados en el canon 1.095, 3 del Código de Derecho Canónico que nos dice: "son incapaces de contraer matrimonio: quienes no pueden asumir las obligaciones esenciales del matrimonio por causas de naturaleza psíquica".

¿Y si antes de casarse ya se conocía el alcoholismo, puede el matrimonio ser nulo?

Es distinto que el matrimonio sea nulo por engaño doloso, que por incapacidad para asumir las obligaciones esenciales del matrimonio. Paso a explicarlo.

– El engaño doloso recae sobre una cualidad importante –objetivamente grave– que no se tiene pero que, con conciencia e intencionalidad, se hace creer al otro cónyuge que sí se posee. Y ese error, ese engaño, es determinante para que el otro consienta en casarse. Además esa cualidad debe ser de tal naturaleza que, de por sí, habrá de causar grave perturbación en el consorcio de la vida conyugal (se consideran tales las relacionadas con la esencia, las propiedades o los fines del matrimonio). En el engaño doloso hay una manipulación indigna, con mala fe, que provoca el error en el que lo sufre y le hace casarse cuando no lo habría hecho en caso de no ser engañado. Es causa de nulidad y, como es lógico, el engaño doloso excluye que el que lo sufre conozca la cualidad sobre la que recae.

Puede ser, por ejemplo, el caso de una esterilidad que se conoce por el que la padece, pero que –a sabiendas– se oculta al otro. Si le fuera conocida no aceptaría casarse porque esa cualidad, para el que sufre el error, era fundamental.

– La incapacidad para asumir las obligaciones esenciales del matrimonio no necesita que sea ni conocida ni desconocida por el otro, porque si uno es incapaz, es incapaz, lo conozca el otro o no, lo intuya o no.

¿En todos los casos de boda con un alcohólico es nulo el matrimonio?

No. Se precisa que el cónyuge ya fuera alcohólico cuando prestó el consentimiento matrimonial, que su dependencia del alcohol fuera hábito y tuviera el carácter de grave. Hay que demostrar que ese alcoholismo hace, al que lo padece, incapaz de ser buen esposo y buen padre.

En una posible causa de nulidad matrimonial mi modo de trabajar es el siguiente: en la primera entrevista veo si, a mi juicio, hay o no motivo para la nulidad y lo digo con toda claridad. Si hay causa, veo cómo se puede probar y cuáles son las pruebas que se pueden aportar. Después de esa primera entrevista, que es fundamental, la persona sale informada para que pueda decidir, con toda libertad, si acude o no al juez.

Es importante, en ese primer encuentro, que se hable con toda claridad de lo que puede suponer el procedimiento: cuánto puede tardar y cuánto puede costar.

Un caso de nulidad por incapacidad de la esposa para asumir las obligaciones esenciales del matrimonio

Se conocieron en el invierno de 1983, en una discoteca malagueña donde él trabajaba como camarero y a la que ella solía acudir con cierta frecuencia.

Un día, a la hora de cierre del local donde él estaba trabajando, la encóntró en estado de inconsciencia por haber consumido estupefacientes. Sintió hacía ella una extraña mezcla de atracción y de lástima, y bajo estos sentimientos se la llevó a su apartamento, poniéndola en una cama. Cuando se recuperó, según confiesa él y no niega ella, iniciaron una relación íntima, a la que siguieron otras, por lo general los fines de semana.

Al parecer, el trato de esta pareja, que se prolongó a lo largo de un año, estuvo marcado por el hecho de que el joven, sensato y de buen corazón, se dio pronto cuenta de la escasa formación de su novia. Era consumidora de drogas, le gustaba salir y divertirse y estaba desorientada. Su débil estructura psíquica necesitaba de su ayuda y comprensión para poder reformarse. Y por todo ello, prácticamente ejerció de consejero de aquella muchacha que se había cruzado en su vida y que parecía interesada por él.

El chico decidió casarse pensando que había conseguido reformarla, puesto que el consumo de drogas había desaparecido casi totalmente, y con la esperanza de que sería para él una buena esposa. De parte de la chica fue una expresión más de su inmadurez, dado que sin considerarse realmente preparada para comprometerse en una comunidad de vida y amor, se precipitó a la ligera a unirse con lazos y en una tarea que no podía soportar.

En semejante contexto se celebró la boda en febrero de 1984. Al poco de comenzar la convivencia conyugal se produjo lo que era fácilmente previsible: chocaron gravemente los caracteres de los dos que, a todas luces, eran incompatibles. Se rompió la débil armonía, no funcionó el diálogo y ella volvió a las drogas. Entonces el marido cayó en la cuenta de lo utópico de sus propósitos matrimoniales. No había nada que hacer, sino separarse. Era el mes de marzo de 1985.

En junio de 1991 el esposo acudió al Tribunal Eclesiástico instando la nulidad de su matrimonio. El Tribunal admitió su demanda y recibió de la esposa una contestación en la que reconocía que los hechos expuestos se acercaban mucho a la realidad, que ella no participaría activamente en el pleito y que se sometía a la justicia.

La demandada acudió a prestar su confesión y en ella describió a su esposo como un hombre de carácter serio, trabajador, cerrado, hombre casero, al que no le gustaba mucho salir de casa. En cambio, ella confesaba que le gustaba salir y divertirse y reconoce su antigua adicción a las drogas.

Continuaba diciendo que al principio de su matrimonio le gustaba llevar las cosas de la casa con orden, pero que pronto se cansó del esfuerzo que requería todo ello y se despreocupó totalmente de las cosas del hogar y de su marido.

Un día él le hizo prometer que cambiaría de conducta en el asunto de salir a divertirse y de las drogas. Ella así se lo prometió y cumplió su promesa durante algún breve tiempo, durante el cual sus relaciones se podrían calificar de regulares tirando a malas.

También manifestaba que ella sí se creía preparada para el matrimonio, pero que ahora veía que no lo había estado en absoluto y que lo único que deseaba era salir y divertirse, y su diversión, en aquel entonces, siempre iba unida a las drogas.

El esposo, hombre honrado y digno de crédito, declaró que a ella le gustaba irse de copas, salir y drogarse, que normalmente iba a pernoctar a la casa de sus padres, que no trabajaba y que su nivel cultural era bajo. Que verdaderamente no sentía especial atracción por ella, sino que era ella la que estaba interesada por él. En realidad le había dado lástima porque la veía necesitada de ayuda, débil y sobre todo con falta de juicio. Se casó y continuó con ella, para ayudarla.

Describió a la chica como una mujer instintiva, que hacía lo que le venía en gana, salir a divertirse y drogarse, que no tenía otros valores ni referencias en la vida, ni formación religiosa, ni criterios morales de ninguna clase. No sabía hacer nada relativo a las labores domésticas, ni estaba interesada en que hubiese orden o limpieza en la casa. No tenía iniciativa y además nadie le había enseñado. Cuando él la conoció, no podía ir sola por la vida. Aunque no estaba enamorado, se sentía solo y sin familia en la ciudad donde trabajaba y le propuso casarse. Desde el principio sospechó que ella se casaba con él porque no estaba a gusto en su casa, y con el matrimonio se imaginaba que iba a tener la libertad que añoraba. Era una chica de pocas luces. En su matrimonio siempre hubo peleas y nunca hubo verdadero cariño de esposos entre ellos, nunca existió afecto conyugal.

Ideas aplicables a la separación matrimonial, al divorcio y a la nulidad matrimonial

El divorcio y la nulidad matrimonial son un mal porque:

1. Supone no haber conseguido lo que queríamos y ya "darnos por vencidos" en algo de enorme transcendencia.

2. Perjudica no sólo a los hijos, sino también a la mujer y al marido, y todos sufriremos sus consecuencias negativas.

3. Hay un deterioro económico, pues si antes se sostenía una casa con el sueldo de uno de los cónyuges o con la suma de los sueldos de ambos, ahora con los mismos ingresos habrá que mantener dos casas. Cuando dije esto ante la Asociación de Padres de Alumnos de un colegio donde estaba dando una

conferencia, una madre –que estaba escuchando con mucha atención– hizo en alto el siguiente comentario: "Estoy completamente de acuerdo contigo. Yo me separé y, en un principio, las condiciones económicas eran buenas para mí y para nuestros hijos; pero han pasado los años, y a pesar de actualizarse las cantidades según el índice de precios al consumo (el famoso IPC), te puedo asegurar que la separación ha supuesto un perjuicio económico para todos nosotros".

4. Un cónyuge por sí solo tiene mayores riesgos que los dos estando juntos.

Ante la afirmación "qué pena que se han separado", no podemos olvidar que la verdadera pena no es el procedimiento de separación, el haber acudido al juez para que fije las condiciones de esa separación, sino la triste realidad de un matrimonio hecho añicos, y eso es pena con o sin separación.

Si nos preguntamos ¿es bueno, a pesar de existir la causa, vivir como si aparentemente no existiera? ¿Es bueno aguantar viviendo los dos bajo el mismo techo aunque sean dos vidas ajenas? ¿Es bueno seguir juntos aunque ni nos hablemos? Pues, depende: cada vida es cada vida y cada caso es cada caso. Habrá que tratarlo con enorme delicadeza y prudencia, procurando buscar el bien de los hijos y el de los cónyuges. A veces será bueno aguantar por los hijos; pero otras veces no, porque no será buen ejemplo para ellos presenciar peleas constantes, discusiones, riñas y malos tratos entre sus padres o ver que ni se hablan. Conozco un caso en el que fue el hijo mayor, de 16 años, el que dijo a su padre: "Papá, nosotros estamos mejor desde que estáis separados".

Si es necesario, no hay que tener miedo al procedimiento judicial, porque sirve (casi siempre) para obtener la protección de la ley en beneficio de los hijos menores y del cónyuge más necesitado de ella, fijándose las condiciones económicas que, desde la resolución judicial, serán de obligado cumplimiento.

En una ocasión el marido quiso ir a un procedimiento judicial de separación matrimonial cuando el matrimonio llevaba ya varios años en separación de hecho, porque económicamente todo le parecía poco a la esposa, y el marido quería saber cuánto era lo que debía pasar a su esposa y a sus hijos. El juez acordó en la sentencia exactamente lo que nosotros propusimos, aunque a la esposa le seguía pareciendo poco.

En otros casos el procedimiento judicial ha servido para obligar al marido a pagar la pensión de alimentos de los hijos, porque antes de la separación judicial no les pasaba nada. No sé si es que pensaba que sus hijos podían vivir del aire.

Denuncias

Una vez que el juez ha fijado, ya en la Sentencia ya en el Auto de Medidas Provisionales, la pensión de alimentos a favor de los hijos menores, es obligatorio su cumplimiento. Si el obligado no la abona a quien tiene la guarda y custodia, éste puede denunciar el hecho en la comisaría de policía o en el juzgado de guardia.

Para presentar la denuncia es recomendable llevar la sentencia de separación o el auto de medidas provisionales donde se fija la cantidad a la que asciende la pensión, el modo cómo se ha de abonar, el plazo para hacerlo, el juzgado que lleva el asunto, el número de autos, etc.

Nuestro Código Penal dice que "el que dejare de pagar, durante dos meses consecutivos o durante cuatro meses no consecutivos, la pensión de alimentos de sus hijos o la pensión compensatoria de su cónyuge que el juez ha fijado, comete el delito de abandono de familia[3], que está castigado con la pena de arresto de 8 a 20 fines de semana y será obligatorio, además, hacer el pago de las cuantías adeudadas". Este delito se persigue previa denuncia[4] de la persona agraviada, de su representante legal o del Ministerio Fiscal a quien se le encomienda la función de protección a los menores.

---

3. Artículo 227 del Código Penal.
4. Artículo 28 del Código Penal.

El arresto de un fin de semana[5] tiene una duración de 36 horas y equivale a 2 días de privación de libertad. Su cumplimiento tendrá lugar, por regla general, durante los viernes, sábados o domingos y en el establecimiento penitenciario más próximo al domicilio del arrestado. Si el condenado incurriera en dos ausencias no justificadas cabe el delito de quebrantamiento de condena, que es aún más grave.

Cuando los cónyuges, además de separarse, tienen entre ellos malas relaciones, carentes de hasta del mínimo de cordura, dan lugar a una hilera de denuncias en las que ella le denuncia a él por no pagar las pensiones, y él le denuncia a ella por no dejarle ver a sus hijos ni estar con ellos los días que ha establecido el juez. Hay que procurar evitarlo en beneficio de todos los que forman la familia, y aquí el abogado tiene un papel importante para "no echar más leña al fuego", que ya hay bastante.

Es bueno tener miedo a una separación en el sentido de evitarla, porque no nos hemos casado para separarnos sino para estar juntos; pero no en el sentido de cerrar los ojos a la realidad, porque eso es engañarse y es como el que no quiere ir al médico porque –dice– *del médico siempre sales con algo.* Hay que ir al fondo del asunto y buscar el remedio adecuado y –si es posible– antes de que sea demasiado tarde.

---

5. Artículo 37 del Código Penal.

Matrimonio y religiosidad

El sentido religioso de la vida y el trato con Dios ayudan a vivir las obligaciones matrimoniales y a ser fiel. Es difícil, sin lugar a dudas, vivir bien un matrimonio cuando uno tiene un sentido religioso y trascendente de la vida y el otro es, en teoría o en la práctica, contrario a todo lo religioso. A veces los problemas matrimoniales pueden llegar a ser muy serios cuando esto sucede, porque habrá grandes diferencias de criterios a la hora de tomar decisiones. Para la buena marcha del matrimonio y para la buena educación de los hijos, es muy conveniente partir de unos fundamentos comunes en ideas básicas y es uno de los temas importantes a tratar durante el noviazgo.

Esto quedó patente en un caso que conocí de un matrimonio con un hijo de 16 años, porque el marido –hijo de un alcohólico– nunca bebía alcohol, y la madre le decía al hijo cuando salía con sus amigos a las discotecas: "Tú bebe y no seas tan raro como tu padre"; mientras que el padre le decía: "Hijo, no bebas alcohol, ya tendrás tiempo de hacerlo más adelante..., por lo menos espera a cumplir los 18 años".

También puede haber disparidad de criterios en el tema del dinero, si los hijos deben o no disponer de grandes o pequeñas cantidades de dinero, si es mejor que vivan de un modo o de otro, sobre cuál es el colegio adecuado para ellos, etc. Y lo que los hijos ven y oyen en casa y las orientaciones que reciben de sus padres, les marcarán para toda la vida.

Recuerdo un procedimiento que llevé. El marido era un hombre religioso, al tiempo que extremista, intransigente, excesivamente pendiente de su imagen, todo lo hacía bien, nunca se equivocaba. Era incapaz de pedir perdón o un favor, o de dar las gracias por algo, y prácticamente insensible ante el dolor ajeno. De novios le gustaba hacer sufrir a su novia para que le demostrara que le quería sin pedirle nada a cambio y ya de casados... ¡lo que lloró la pobre! Luego se descubrió que el marido tenía un cierto desequilibrio psíquico.

El amor y el matrimonio

Cabe preguntarse ¿hay algo más grande en esta tierra que el amor? El gran poeta Pere Gimferrer nos dice, recordando sus años jóvenes abrasados de soledad en los que encontró a la mujer con la que lleva 30 años, que *estar enamorado es una música, una droga, es como escribir un poema.* Y en su caso se trata de una música que jamás ha interrumpido su melodía y de una droga que jamás ha declinado su euforia, porque ella hizo –nos dice el comentarista– que prendiera en el pecho del poeta la llama oscura del amor.

Y rememora Gimferrer *ese momento privilegiado en que el amor irrumpe, furioso como el oro, para abolir las distintas imposturas por las que discurre la existencia.*[6]

Cabe preguntarse ¿hay algo mejor en esta tierra que compartir la vida con alguien con quien nos unen ideales, proyectos, la ilusión de un hogar, de unos hijos, con alguien que me ennoblece?

¿Hay satisfacción más grande que un hijo?, ¿que ver crecer a los hijos?, ¿que ver que el hijo ha llegado más alto que uno, porque pudo empezar desde más arriba?, ¿que poder transmitirle el fruto de tantos años de trabajo paciente?

Como regla general se podría afirmar que la nulidad de un matrimonio está en su inicio, en su nacimiento, no dejándole ni nacer, mientras que el fracaso matrimonial está en la vida posterior. De todos modos esto no siempre es así, ya que puede haber causas que estando en el inicio y haciendo nulo ese matrimonio, se manifiestan durante la convivencia matrimonial, porque antes estaban latentes, –como puede ser el caso de una enfermedad mental que surge en un momento posterior de gran tensión–. La nulidad requiere que la enfermedad mental sea grave, que ya existiera con anterioridad a la boda pudiéndose probar su existencia y que incapacite al que la padece para ser buen esposo y buen padre; no es sufi-

---

6. Del artículo de fondo de ABC de 29-XI-00 de Juan Manuel Prada, escritor.

ciente una patología leve. Y también puede haber una convivencia matrimonial fracasada porque hay un matrimonio nulo.

¿Nulidad, porque ahora me encuentro que se ha acabado el amor?

Una vez recibí a un joven que tenía interés en ir a un procedimiento de nulidad matrimonial. Le pregunté "¿Por qué piensas que tu matrimonio podría ser nulo?". "No lo sé", me respondió. Intenté ayudarle, y como me contó que no habían tenido hijos y poco les había importado no tenerlos, le pregunté: "¿Cuando os casasteis no queríais tener hijos?, ¿os pusisteis de acuerdo en no tenerlos?". Me respondió que no, que sencillamente no los habían tenido y que no se habían preocupado de buscar el porqué. Y seguí con mis preguntas: "¿Cuando os casasteis queríais un matrimonio *por un tiempo, sólo mientras os fueran bien las cosas?*, ¿no aceptabais un matrimonio para toda la vida si las cosas os iban mal?", y su respuesta fue "Yo creo que cuando uno se casa, se casa porque quiere a una mujer, y piensa que *con ella hasta la muerte* ¿no te parece?, aunque luego la realidad sea otra". "¿Conocíais la religión?, ¿practicabais?, ¿sabíais lo que es el matrimonio en la doctrina de la Iglesia?", continué, y me contestó: "Practicar, practicar, algo, no mucho; la religión la conocíamos los dos, porque fuimos a un colegio de religiosos; y lo del matrimonio, pues... más o menos". "¿Pero entonces, qué pasó en tu matrimonio?". "Nada, que se acabó el amor".

Y claro, que se haya acabado el amor no es causa de nulidad. ¿Qué se puede hacer entonces? Pues intentar que renazca, y hay casos en que se consigue y es un amor maduro.

Una persona muy experimentada decía que intentar ser feliz huyendo de las dificultades es errar el camino, porque la vida enseña que hay que buscar la felicidad en las dificultades, no al margen de ellas. Y que el que huye de las dificultades para ser feliz va dando un traspiés detrás de otro.

Marta Brancatisano, en su libro *Fino alla mezzanotte di mai,* recientemente traducido al castellano, nos dice que: "la verdadera felicidad es aquella que vale todo lo que cuesta". Y que "quien es muy feliz ha sido también capaz de sufrir mucho. Que no hay que temer al sufrimiento, porque detrás de la felicidad siempre hay sufrimiento, sobre todo cuando se entiende por felicidad amor. Aunque implica riesgo, es una de las experiencias más bellas el descubrir cómo no hay dolor que pueda vencer al amor, sino que donde hay amor, cualquier dolor se soporta bien".

Como en aquella primera entrevista con aquel chico vi que con él no era fácil llegar al fondo, le propuse ponerme en contacto con su mujer, y le pareció bien. Con ella me llevé una sorpresa mayor aún, pues me decía que "era muy católica, muy católica, igual que su madre y toda su familia, que todos eran muy católicos, muy católicos; y, por tanto, de nulidad nada de nada; que si él quería el divorcio, de acuerdo, porque no lo iba a tener atado si él no quería, pero que de nulidades nada". ¡Qué lío de ideas confusas hay por ahí! Porque intentar ver si hay causa de nulidad en un matrimonio hecho trizas hace ya muchos años y que es imposible restaurar, no es algo contrario a la religión católica; sin embargo, el divorcio sí.

¿Y las personas que dicen "yo no creo en las nulidades"?

En las nulidades no hay que creer, y aquí cabe lo que una persona, muy sabia, decía. "Creer, creer, yo creo en Dios, sólo en Dios y a veces hasta con dificultad". Lo correcto es que esa persona dijera: "Yo no entiendo lo de las nulidades". Y para eso están este libro y otros más, pero partiendo de la base de que no podemos entenderlo todo, y mucho menos entenderlo todos todo. ¡Hay tantas cosas que no entendemos y, sin embargo, nos beneficiamos de ellas!

¿Y las personas que dicen "yo no puedo ir a una nulidad, porque yo me casé"?

Si se casó, yo, desde luego, no le aconsejo ir a una nulidad por su causa, porque respeto mucho aquello de lo que uno está convencido. Pero si ese matrimonio es imposible de reconstruir, cabe buscar asesoramiento para ver si su cónyuge también fue al altar con las condiciones que se requieren. Porque basta que no haya sido así para que ese matrimonio sea nulo y, en ese caso, puede demandar la nulidad tanto uno como otro, porque el matrimonio no ha existido ni para el que fue bien, ni para el que fue mal.

¿Una nulidad matrimonial es dar una "segunda oportunidad", como dicen algunos?

No, una nulidad no es dar una segunda oportunidad; es la primera, porque la anterior sólo fue una mera apariencia.

Y como hay que reconocer que hay nulidades matrimoniales que van precedidas de un fracaso matrimonial y otras de una separación o de un divorcio, paso a continuación a exponer sus características, pidiendo disculpas de antemano si su contenido jurídico lo hace más aburrido.

5

Separación matrimonial

Algunos que se han separado, hablan equivocadamente de "mi ex mujer" o "mi ex marido" y no es correcto, porque con la separación subsiste el vínculo matrimonial y siguen siendo "mi mujer" o "mi marido", pues para todos los efectos, tanto civiles como canónicos, los separados siguen siendo matrimonio.

Posibilidades de separación matrimonial

Puede haber separación de hecho o separación judicial. La separación judicial puede ser de mutuo acuerdo o contenciosa.

¿Cuál es la mejor? Como regla general siempre es mejor hacer las cosas por las buenas que por las malas. Pero en la práctica, cada caso es cada caso, y habrá que procurar buscar lo mejor, que no es lo mismo para todos.

Me he encontrado con hombres y mujeres muy confundidos acerca de la separación y me dicen: "¿pero *vamos a ir a juicio?*" y no sé qué es lo que piensan con lo de *ir a juicio*. Muy probablemente lo que se ve en las películas americanas de jueces y abogados, en las que el juicio puede durar las casi dos horas de la película, y ahí el abogado, con su fina dialéctica, echa por tierra todos los argumentos del contrario y el resultado, enormemente satisfactorio para los que vemos la película, es que el guapo o la guapa ganan el juicio porque la verdad –que sólo es una y, por supuesto, la tiene el protagonista– sale triunfadora. Sin embargo nuestra realidad es muy distinta a todo esto. Paso a exponerla brevemente.

El que llaman "juicio", se denomina *vista* en el pleito principal de separación y se celebra en la sala de vistas que hay en cada juzgado, y en las medidas provisionales se llama *comparecencia* y ordinariamente se celebra en la sala de vistas o bien en el propio despacho del juez. Ambas están presididas por el Juez, al que asiste el Secretario Judicial, que levanta Acta de todo lo actuado. Cada uno de los esposos va con el abogado que le asiste y defiende, y con el procurador que le representa. Cada uno tiene su sitio: a la izquierda el abogado del actor con el Ministerio Fiscal y a la derecha el abogado del demandado. Los esposos se sientan en el primer banco, frente al juez y son preguntados por el Fiscal y por el propio juez, quien lee las preguntas que han presentado los abogados de una y otra parte y ha declarado pertinentes. Se aportan otras pruebas como la documental (documentos públicos y privados) y en muchas ocasiones no se admiten testigos (ordinariamente en Madrid en la comparecencia de medidas el juez no admite testigos). Cabe también proponer como pruebas la exploración de los menores o el dictamen forense, y en ese caso el juzgado citará, con día y hora, para que se practiquen esas pruebas. Normalmente la vista y la comparecencia son de corta duración (unos 15 minutos), aunque también puede ser menor o, de modo excepcional, tener una duración superior. En el Derecho Procesal español –que es muy distinto del derecho anglosajón, que es el de las películas americanas– los procedimientos judiciales son eminentemente escritos, y por ello la vista, la comparecencia, está previsto que sea de escasa duración. O sea que sí *vamos a ir a juicio* para la separación, tanto la de mutuo acuerdo como la contenciosa. Pero además no hay que tenerle miedo, porque se trata de que el juez (ahora es más frecuente encontrar a una mujer) te llama, te pregunta y te escucha, y después decide lo que considera más conveniente para los hijos menores y para los cónyuges, sobre todo para el más necesitado de protección, que habitualmente ha sido –y sigue siendo– la mujer. Particularidades estos juicios no son públicos (no se permite la entrada) y que los parientes, empleados y amigos pueden ser testigos.

Por otro lado, lo de que el guapo o la guapa gane y la verdad salga triunfadora, es más de película que de la vida real, porque a veces ninguno de los dos tiene toda la razón. Cuando fui juez sustituto, la primera vez que celebré un juicio –que era uno de los 29 que estaban señalados para esa mañana– de un matrimonio joven que estaban peleados, los escuché, los vi –tenían, tanto él como ella, la cara demudada y se notaba que habían sufrido mucho– y pensé: "De lo que me están contando, ninguno de los dos tendrá toda la razón". Comprobé que era cierto.

Separación de hecho

Es aquella que se da en la realidad, porque los cónyuges viven independientemente, cada uno por su lado. Y puede ser bien porque los dos se han puesto de acuerdo para separarse, o bien porque uno *ha cogido la puerta* y se ha ido, abandonando el hogar y la familia, y puede ser denunciado por ello.

También se da cuando, sin acudir al juez, los esposos han fijado unas condiciones para vivir separados, ellos solos (cosa muy difícil porque no estarán en situación de ponerse de acuerdo en nada), o con la asistencia de abogado, o también cuando ese acuerdo lo han llevado a un notario para elevarlo a documento público. Pero en cualquiera de estas circunstancias sólo hay separación de hecho, porque no la ha aprobado el juez.

Es decir hay separación de hecho en cualquiera de los siguientes casos:

- Por abandono de la familia
- Por acuerdo entre ambos cónyuges por sí mismos
- Por acuerdo entre ambos cónyuges con intervención de un abogado
- Cuando el acuerdo de los cónyuges se eleva a documento público ante un notario

Ventajas de la separación de hecho

Puede ser sólo un primer paso en la ruptura, porque todavía se intenta salvar el matrimonio dando la "última oportunidad".

También hay casos en que la separación de hecho supone no querer reconocer la entidad que tiene el problema, con los consiguientes perjuicios que esto conlleva.

Desventajas de la separación de hecho

Si una de las partes no cumple lo que se ha acordado, la otra no tiene protección para obligarle, ni por las buenas ni por las malas, a cumplir.

Los perjudicados serán los hijos y la esposa en lo referente a las pensiones si es el esposo el que no las paga voluntariamente según lo acordado, porque nadie le puede obligar a pagarlas, y aunque después haya una separación judicial la reclamación no puede tener efectos retroactivos.

Frente a la falta de protección de la separación de hecho, nos encontramos con la separación judicial.

Separación judicial[1]

Puede ser de dos tipos:

De mutuo acuerdo

Ambos cónyuges la piden, o bien uno de ellos la pide y el otro la consiente. Es imprescindible ir al procedimiento con abogado y procurador. Se puede ir con dos abogados y procuradores, pero la ley también permite ir sólo con uno, que actúa en defensa (el abogado) y en representación (el procurador) de los dos cónyuges.

Para toda separación judicial es requisito imprescindible que haya transcurrido, al menos, un año desde la celebración del matrimonio.

Lo difícil de la separación matrimonial de mutuo acuerdo es conseguir que los dos estén conformes en los

1. Se sigue lo dispuesto en la Ley 1/2000 de 7 de enero, la nueva Ley de Enjuiciamiento Civil, que regula los procedimientos judiciales y, entre otros, los matrimoniales. La fecha de entrada en vigor de esta ley es el 8 de enero del 2001.
Y de acuerdo con el Código Civil artículos 81 a 84 y 90 a 101 y 102 a 106.
Anteriormente, los procedimientos matrimoniales estaban regulados en las disposiciones adicionales de la ley 30/81 de 7 de julio, que es la famosa y popularmente conocida como ley del divorcio. *(Adicional supone algo añadido a lo principal, por lo tanto, algo no principal, y cabe pensar que lo adicional es algo hecho "aprisa y corriendo" y de "no larga duración". Por el contrario en España, estas Disposiciones Adicionales de la ley del divorcio que han regulado nuestros procedimientos matrimoniales, han estado vigentes durante casi 20 años: desde julio de 1981 hasta enero de 2001).*

puntos del convenio, sobre todo en dos de ellos: el relativo a las pensiones económicas y a la guarda de los hijos. Este segundo punto suele ser conflictivo no solo porque el que la ostenta se queda viviendo con los hijos, sino porque además percibirá unos beneficios económicos: la pensión de alimentos de los hijos y el uso de la vivienda familiar.

Con la demanda de separación matrimonial de mutuo acuerdo hay que adjuntar el convenio regulador de los efectos de la separación, firmado por ambos cónyuges. Su contenido son los siguientes cinco puntos:

1. Patria potestad sobre los hijos menores de edad. Habitualmente se establece que será compartida por ambos progenitores.

   Guarda y custodia de los menores de edad. Ha sido práctica habitual el que los hijos menores quedasen bajo la guarda de la madre.

   Actualmente la nueva ley da mucha importancia a lo que digan los hijos menores y establece que el juez oirá a los menores que tuvieren suficiente juicio, y siempre a los que son mayores de 12 años.

   Régimen de visitas del cónyuge que no tenga la guarda de los hijos. Estas visitas habitualmente consisten en fines de semana alternos, desde el viernes a la salida del colegio hasta el domingo por la noche, o más excepcionalmente hasta el lunes a la entrada del colegio. Normalmente una tarde entre semana, o más excepcionalmente dos, desde la salida del colegio hasta las 9 de la noche, por ejemplo y la mitad de las vacaciones de verano, de Navidad, de Semana Santa y de la Semana Blanca, si la hubiere.

2. Uso de la vivienda familiar. Será para los hijos y el progenitor que tenga la guarda, con independencia de que la propiedad de esa casa sea del que la va a seguir usando o del que la tiene que abandonar.

3. La división y liquidación de los bienes gananciales, si es éste el régimen económico que ha regido en el matrimonio. También se puede dejar la liquidación para un momento posterior y disolver sólo los gananciales, pasando al régimen de separación de bienes.

4. Pensión de alimentos de los hijos. La pensión tiene que ser proporcionada a los ingresos del obligado a pagarla y a las necesidades de los que tienen que ser alimentados. Se fijará su actualización, normalmente según el Índice de Precios al Consumo (IPC).

5. Pensión compensatoria para la esposa, si la separación matrimonial le va a producir un desequilibrio económico con relación a la posición del otro, e implica un empeoramiento en su situación económica. Para determinarla se tendrán en cuenta: los acuerdos de ambos cónyuges, su edad y estado de

salud, su dedicación al hogar familiar, sus posibilidades de acceso a un empleo, la colaboración con su trabajo en las actividades del otro cónyuge, la duración del matrimonio y la situación económica de uno y otro. También se fijará la cláusula de actualización, habitualmente en función del IPC.

Admitida a trámite la demanda de separación matrimonial de mutuo acuerdo (sólo se admitirá si se le adjunta el convenio regulador de los efectos de la separación con los cinco polémicos puntos que acabo de mencionar firmado por ambos cónyuges y si se añade a la demanda la partida de matrimonio y las partidas de nacimiento de los hijos, si los hubiere), el juez citará a ambos cónyuges para que se ratifiquen por separado en su demanda y en todos los puntos del convenio que firmaron en su día. Si no lo hacen, se archivarán las actuaciones sin más trámite, dice la ley.

Es decir, después de presentada la demanda con el convenio, y una vez que ha sido admitida a trámite por el juzgado, el juez oye a los dos cónyuges.

En todo procedimiento de separación matrimonial con hijos menores de edad o incapacitados siempre será parte, además de los dos esposos, el ministerio fiscal.

En el procedimiento de separación de mutuo acuerdo, el juez aprobará lo que hayan acordado ambos cónyuges, salvo que lo estime dañoso para los hijos o gravemente perjudicial para uno de los cónyuges.

También es importante señalar que esas medidas podrán ser modificadas por el juez cuando hayan variado sustancialmente las circunstancias.

Contenciosa

La demanda de separación matrimonial contenciosa la presenta uno de los cónyuges, siendo necesario que el otro haya incurrido en causa legal de separación.

Son necesarios, igual que en la separación de mutuo acuerdo, un abogado que defienda y asista, y un procurador que represente.

El cónyuge demandado puede formular reconvención siempre que tenga causa para ello. Reconvenir es aprovechar la contestación de la demanda para formular otra demanda contra el que demandó.

Para poder presentar una demanda de separación contenciosa es requisito imprescindible tener causa legal de separación, que puede ser alguna de las siguientes:

1. El abandono injustificado del hogar, la infidelidad conyugal, la conducta injuriosa o vejatoria y cualquier otra violación grave o reiterada de los deberes conyugales.
2. Violación grave o reiterada de los deberes para con los hijos.

3. Estar condenado a pena privativa de libertad por tiempo superior a 6 años.

4. El alcoholismo, la drogodependencia o las perturbaciones mentales.

5. El cese efectivo de la convivencia conyugal durante 6 meses libremente consentido por ambos.

6. El cese efectivo de la convivencia conyugal durante 3 años.

7. Otros supuestos tales como el cese efectivo de la convivencia conyugal durante el plazo de 2 años ininterrumpidos en determinados casos, o la condena por atentar contra la vida del cónyuge o de sus ascendientes o descendientes.

El problema de la prueba

En la separación matrimonial contenciosa hay que probar la causa que se le atribuye al otro cónyuge.

Es frecuente que, como prueba de la conducta injuriosa o vejatoria, o de la infidelidad conyugal, o de las violaciones de los deberes conyugales o para con los hijos, que se invocan como causa de separación, se produzcan –con perjuicio para todos– una serie interminable de denuncias en las que la esposa le denuncia porque él le ha pegado, el esposo contesta a la denuncia y aprovecha también para denunciarla porque no le deja a los niños, ella le denuncia a él porque no le paga lo que le debe pagar y él presenta una denuncia contra ella porque no le entrega a los niños cuando le corresponde... y así denuncia va, denuncia viene.

Se puede perder hasta el mínimo de cordura, y ni se vive ni se deja vivir en paz, sufriendo y haciendo sufrir lo indecible. Como ya dije en otro capítulo, es muy recomendable que el abogado procure *no echar más leña al fuego, que ya hay bastante.*

Es terrible cuando una persona se encuentra como "el ave herida que se revuelca en el suelo" y lo que pretende es hacer daño al otro por "orgullo herido". Es necesario recibir un buen asesoramiento, muy especialmente en estos casos, para estar protegido y que los hijos también lo estén, pero sin dejarse llevar (tanto él como ella) por lo que no es conveniente ni adecuado para nadie.

La ley permite cambiar de la separación contenciosa a la de mutuo acuerdo

Presentada la demanda de separación matrimonial contenciosa, porque no se ha podido presentar la de mutuo acuerdo al tener los cónyuges pareceres distintos sobre alguno de los cinco puntos del convenio, y una vez que la demanda es admitida a trámite por el juzgado, se le envía al cónyuge demandado y se le da un plazo de 15 días para que conteste, debiendo comparecer con su abogado y su procurador.

En ocasiones es más fácil en este momento conseguir que los cónyuges lleguen a un acuerdo, porque uno suele bajar un poco sus pretensiones y el otro suele subir un poco lo que ofrecía (dado que, si no, el juez decidirá en lugar de ellos), y entonces cabe abandonar la separación matrimonial contenciosa y pasar a la de mutuo acuerdo.

Admitida a trámite la demanda de separación matrimonial se producen, por ley, los siguientes efectos:

1. El juez aprueba que los cónyuges puedan vivir separados y cesa la presunción de convivencia conyugal, cesando también la presunción de paternidad y maternidad. Hasta este momento, los cónyuges estaban obligados a vivir juntos, por así determinarlo la ley civil.

2. Quedan revocados los consentimientos y poderes que uno haya hecho en favor del otro.

3. Cesa, como regla general, la posibilidad de que los bienes privativos de un cónyuge respondan por las deudas del otro.

Ninguno de estos tres efectos se produce, claro está, con una simple separación de hecho.

Las medidas provisionales

La ley civil permite que el cónyuge que tenga el proyecto de acudir al Juez pidiendo la separación, el divorcio o la nulidad de su matrimonio, pueda también solicitar que se le adelanten esos efectos a través de la demanda de medidas provisionales.

Esta demanda de medidas provisionales se puede presentar junto con la demanda de separación, divorcio o nulidad, o por separado, pero en este caso hay que presentar la demanda del pleito principal (la de separación, divorcio o nulidad) en el plazo de 30 días contados desde que se presentó la demanda de medidas provisionales.

La razón de estas medidas provisionales es evitar que, porque el proceso principal se dilate, los menores y el que padece las consecuencias de una mala convivencia matrimonial sufran un grave perjuicio. Su contenido son los cinco puntos que ya hemos visto para el convenio regulador de los efectos de la separación matrimonial.

Al pleito principal se le da trámite ordinario, mientras que al de medidas se le da trámite urgente.

En la demanda de medidas también habrá que pedir que el juez apruebe que los cónyuges vivan separados y que se revoquen los consentimientos y poderes que un cónyuge haya otorgado al otro.

En el procedimiento de medidas también los cónyuges son citados por el juez y los oye. Hay fase de pruebas, pudiéndose aportar las que se consideren convenientes al caso, aunque en muchas ocasiones el juez no admite testigos y las pruebas serán las confesiones de los esposos y los documentos aportados. Cabe que uno de los cónyuges pida la exploración de los menores o de toda la familia por un psicólogo forense. También es posible la inspección del juez, que preguntará a los menores con quién prefieren vivir.

El procedimiento de medidas se termina con una resolución que se llama auto, mientras que el procedimiento del pleito principal se acaba con una sentencia. La sentencia de separación matrimonial se hace constar en el Registro Civil, por nota al margen de la inscripción de matrimonio.

Obligatoriedad del pago de pensiones y del régimen de visitas

Una vez dictado el auto de medidas o la sentencia de separación, lo que en ellos dispone el juez es de obligado cumplimiento.

La desobediencia es constitutiva hasta de delito, si se incumple el deber de pagar las pensiones de alimentos a favor de los hijos o la pensión compensatoria a favor de la esposa durante dos meses consecutivos o durante cuatro meses alternos.

Es práctica habitual que lo que el juez ha ordenado en el auto de medidas provisionales respecto a las pensiones y a la guarda de los hijos menores, coincida con la sentencia de separación, pero hay excepciones.

Es una novedad de la ley que ha entrado en vigor el 8 de enero del 2001, que el juez pueda, además de imponer multas coercitivas al progenitor que incumple reiteradamente su obligación de pagar las pensiones fijadas, cambiar lo que había acordado sobre la guarda y custodia de los hijos menores (pasando de la madre al padre, o al contrario), o sobre las visitas, para los casos en que se está produciendo un incumplimiento reiterado. Y también es novedad la posibilidad de imponer sanciones al progenitor que se desentiende de sus hijos y no va a verlos, o al progenitor que tiene la guarda de los menores e impide que el otro se relacione con los hijos.

Con la regulación anterior se podía castigar, hasta gravemente, al que estando obligado a ello no pagaba las pensiones; pero no con la misma fuerza al que teniendo la guarda impedía que los hijos estuvieran con el otro. Ahora parece que esto va a cambiar.

Un consejo importante: los documentos

La ley pide ahora los documentos que acrediten la situación patrimonial de la familia.

Me he encontrado casos en que, si es la esposa la que viene a mí y viene demasiado tarde (porque primero ha ido a otro abogado y le ha ido mal, o porque tarda demasiado en recibir asesoramiento), ya no le es posible conseguir esos documentos, porque los ha cogido el marido y se los ha llevado a su abogado. Nunca me he encontrado el caso contrario: que el marido venga demasiado tarde y que esos documentos ya no le sea posible conseguirlos porque su esposa se los ha llevado a su abogado.

Mi consejo es conseguir todos los documentos de contenido patrimonial (o las fotocopias, al menos) tanto los que se refieren a los bienes de uno y otro –la propiedad de la casa, del coche, de los valores mobiliarios, etc.–, como los referentes a las deudas –créditos hipotecarios, préstamos y créditos amortizados y pendientes de amortización, con indicación de qué cantidades se deben por intereses y por capital, cantidades pagadas vigente el matrimonio, quién es el titular del préstamo y del crédito, etc.–.

Los hijos merecen un mínimo de respeto

A la hora de que el juez determine si la guarda le corresponde al padre o a la madre, la nueva ley –como ya hemos visto– da mayor intervención a los hijos, ordenando que el juez les oiga si ya han cumplido 12 años o si tuvieran suficiente juicio aunque sean menores de esa edad.

Respecto a este extremo opino que es razonable que el juez oiga a un menor con cierta madurez, antes de decidir si va a vivir con su madre o con su padre, pero también conozco experiencias negativas al respecto: el niño de 10 años que, al terminar de hablar con el juez, le quería decir otra cosa más, que era importante, y ya no se le admitió volver a hablar; o aquel otro, de unos 10 ó 12 años de edad, que después de hablar con el juez decía preocupado: "No me acuerdo si he dicho bien con quién quería vivir, si con mi padre o con mi madre; a lo peor me he confundido y lo he dicho mal", y ya no pudo volver a hablar con el juez para aclararlo; o como el chico, de 16 años, que era incapaz de elegir entre su padre o su madre porque "yo quiero vivir con mi padre, con mi madre y con todos mis hermanos", decía.

También he visto métodos indignos empleados para conseguir que los hijos lo elijan a él frente al otro, empleando todo tipo de argucias (regalos, viajes, caprichos, promesas, amenazas). Hay quien consigue hasta que el hijo mienta al juez en su beneficio y con perjuicio para el otro cónyuge: uno le decía al chiquillo: "Dile a ese señor que tu madre no te da de comer"; otro: "Dile que tu madre te pega", etc.

También puede haber algún hijo que tenga grabado para siempre que cuando eligió se equivocó, porque luego ha visto que debería haber elegido lo contrario.

A veces lo malo no es la separación matrimonial, sino cómo actuamos en ella los adultos.

Una separación matrimonial no siempre es lo peor

Quiero resaltar que es verdad que un problema matrimonial es malo y hace daño a los hijos y a los cónyuges, pero también que, a veces, es mayor el daño que sufren los hijos por el mal comportamiento que ven entre sus padres y es peor el ejemplo que reciben antes de la separación que la propia separación matrimonial.

Indudablemente un buen abogado (especialista en la materia y buena persona) puede ayudar mucho para ver qué se puede hacer y cómo hacerlo del mejor modo posible en los casos de separaciones matrimoniales[2].

Para mí cada matrimonio que tengo entre manos es único. He conocido grandes personas, hombres y mujeres, que luchan por salvar su matrimonio a pesar de las dificultades, pero también he conocido grandes personas separadas por distintos motivos, siempre dolorosos.

Un caso de separación matrimonial

Una profesora del colegio de las niñas le habló de mí. Vino el padre y me contó que su mujer tenía un amante desde hacía 5 años y que sabiéndolo él y a pesar de todo, la quería y la había querido muchísimo.

---

2. Muchas de las cosas que aquí se explican para la separación matrimonial son también aplicables al divorcio, tales como las dos clases: de mutuo acuerdo y contencioso, como la posibilidad de cambiar el procedimiento de contencioso al de mutuo acuerdo, como los documentos de carácter patrimonial que hay que conseguir y presentar, como las medidas provisionales y también el que, una vez admitida a trámite la demanda, cesa la presunción de paternidad y maternidad, la obligación de la convivencia conyugal, etc.

Estaban ya en una situación de imposible convivencia, haciendo vidas totalmente separadas. Cuando el amante la devolvía al domicilio familiar, los hijos la veían llegar. Llevaban tiempo hablando de una separación matrimonial, en principio de mutuo acuerdo.

El padre había afirmado tajantemente que la guarda de los hijos era para él, que eso no era negociable. La madre, por el contrario, sí negociaba la guarda de los hijos por una considerable suma de dinero. Daba la impresión de que la madre quería hacer de su separación matrimonial un negocio rentable, del que ella y su amante pudieran vivir cómodamente el resto de su vida.

¿Cómo habían llegado a esta situación? El padre llevaba ya muchos años que sólo vivía para sus negocios. Él, me contó, había ganado mucho dinero; pero con la misma facilidad que entraba, salía, pues el gasto de su casa era enorme y sin medida.

La familia de ella también había perjudicado la buena relación entre los dos esposos. Con él era casi imposible conseguir un cierto orden: llegaba a la hora de marcharse, y se empezaba cuando lo que correspondía era finalizar.

En ese momento la situación económica del padre ya no era buena, y lo que pedía la madre era totalmente inaccesible.

En la antesala del procedimiento judicial hubo trámites y más trámites, conversaciones y más conversaciones, para llegar a una separación matrimonial de mutuo acuerdo, pero no fue posible alcanzarlo acerca de la guarda de los hijos, a la que el padre no estaba dispuesto a renunciar, y de las pensiones que la madre estaba intentando conseguir.

Como no llegábamos a ningún acuerdo, la madre presentó la demanda de separación matrimonial contenciosa alegando una causa que no era cierta. También presentó demanda de medidas provisionales, porque la situación en la casa era ya insostenible para todos.

En la demanda de separación matrimonial contenciosa la madre, que ya había cambiado de opinión, pedía ahora para ella la guarda y custodia de sus hijos, reclamando el uso del domicilio familiar y una pensión cuantiosa como alimentos para los hijos. Y aunque ella también trabajaba, pidió pensión compensatoria en su beneficio.

Al contestar a la demanda, nos habíamos opuesto a que la causa de la separación contenciosa estuviera en mi cliente, y habíamos formulado reconvención por encontrar que la causa de la separación estaba en ella y era, de acuerdo con el código civil, su infidelidad conyugal.

Habíamos pedido la guarda y custodia de los hijos para el padre, mi cliente, y para ellos el uso del domicilio familiar. Solicitamos una pensión mínima de alimentos, que la madre debería pasar al padre para contribuir a los gastos de los hijos, ya que los hijos deben ser alimentados por ambos progenitores y, en este caso, ambos padres trabajaban. Desde el principio sabíamos que pedir la guarda y custodia de los hijos menores para el padre era algo casi imposible de alcanzar, tal y como estaban las cosas en España, si la madre también la pedía para ella.

Se celebró la comparecencia judicial de ambos esposos, y la causa alegada por nosotros sobre la "infidelidad conyugal de la esposa", fue reconocida por ella ante el juez sin ninguna vacilación.

El juez, que era claramente proclive a la esposa, le preguntó: "Pero su compañero sentimental será estable ¿no?". (Ante esta pregunta yo me temí lo peor, porque ya había oído de algún juez que consideraba que era más adecuado otorgar la guarda de los hijos al cónyuge infiel "porque tiene un compañero sentimental estable", que dársela al que, permaneciendo fiel, ha sido abandonado "porque tiene menos estabilidad de compañero"). Pero la respuesta de ella fue nefasta: "Mire, señor juez, yo ahora estable, no tengo nada".

Ella pidió que, antes de que el juez decidiera sobre la guarda de sus hijos, les oyera personalmente y durante el tiempo anterior estuvo preparando esa batalla para ganarla a toda costa.

El hijo mayor no quería decidir si quedarse con su padre o con su madre, pues la madre le daba pena y la quería mucho. Cuando le dijeron "Si tú no decides, otro decidirá por ti" para que se animara a hacerlo, su reacción fue la contraria: "pues mejor, así no soy yo el que tengo que decidir". Decía que se encontraba como bloqueado.

El hijo segundo sabía, claramente, que el que tenía razón era su padre, pero nadie estaba seguro de que cuando le tocara hablar con el juez lo dijera bien, porque también quería a su madre.

A la hija tercera cuando le preguntaron: "¿Con quién prefieres vivir con tu padre o con tu madre?", contestó: "Prefiero vivir con mi padre, con mi madre y con todos mis hermanos". Y de ahí no hubo quien la sacara.

La hija pequeña lo tenía claro: quería quedarse con su padre. El resultado de la comparecencia y de la entrevista de los pequeños con el juez fue, cosa casi increíble, que se otorgó la guarda y custodia de los pequeños al padre.

Otro caso de separación matrimonial

Él le dijo a ella que necesitaba libertad, que no podía más, que se casó para salir de la esclavitud de su madre y que, ahora, le era imprescindible salir de la prisión que le suponía estar con ella y con los cuatro hijos.

Lo malo es que "ahora" era después de 16 años de casados y con cuatro hijos; pero es que él, aunque ya había cumplido 40 años, seguía siendo un inmaduro.

Como este caso he tenido varios: los dos, cuando se casaron, eran inmaduros y sólo "vivían para divertirse", eran dos "zangolotinos" (de los que podrían pasar por niños, dada su mentalidad). Pero con el matrimonio vinieron los hijos y ella maduró, porque su vida cambió. Sin embargo él seguía igual. Ella era toda una mujer y por sus hijos le valía la pena todo esfuerzo; él seguía casi con los mismos intereses que de soltero.

Luego me enteré de que él, cuando se casó, fue de pobre y la familia de ella tuvo que costearle hasta el traje de novio. Había ido al matrimonio dándole pena a su novia porque, le decía, su madre era muy agobiante.

Pero si *"zangolotino él, zangolotina ella"* porque la pobre estaba tan ciega cuando se casó que ni veía lo que era evidente.

La esposa vino a mí aunque era él quien quería separarse y hubo una separación de mutuo acuerdo, fijando las condiciones respecto a la guarda de los hijos que sería para la madre y a la pensión de alimentos, que el padre pasaría a la madre mensualmente y que se actualizaría según el IPC. Acordamos la liquidación de los bienes gananciales y que los enseres del hogar familiar (que era alquilado y se abandonó) serían para los hijos y la madre. En este caso no hubo pensión compensatoria porque los dos esposos trabajaban y cada uno podía vivir de sus propios ingresos profesionales.

El esposo ha recuperado su libertad y vive solo. Los hijos viven con la madre. Alguna vez el padre va de visita a ver a sus hijos. El hijo mayor se pasó mucho tiempo "soñando que jugaba al fútbol con su padre, como cuando era pequeño", pero su padre ya no volvió a jugar al fútbol con él.

La madre, que es una mujer de muchísima valía, lucha, ella sola, por sacar adelante a sus cuatro hijos.

Aunque ya nada es como podría haber sido.

La alegría de la reconciliación

Llevaban años separados. Sin embargo, se trataban y se veían de vez en cuando. Ella había vuelto a la práctica religiosa después de estar apartada durante muchos años, y se replanteó volver con su marido. Lo hablaron y decidieron vivir juntos de nuevo.

Tuve la alegría de poner en conocimiento del juez, por medio de escrito con firma de abogado y procurador, la reconciliación de los cónyuges, que dejaba sin efecto la separación anterior que se acordó en la sentencia.

En los pleitos de separación matrimonial, una vez que el Juzgado declara que la sentencia es firme, ordena que se haga constar en el Registro Civil. Se hace por medio de nota al margen de la inscripción de matrimonio.

La reconciliación también se hace constar en el Registro Civil y se cancela la nota marginal anterior.

Respecto a la reconciliación de los cónyuges

Todo el mundo conoce, más o menos, lo de las separaciones. Hay gente que tiene miedo a una separación matrimonial porque "es para siempre", dicen. Y es verdad en tanto que todo es para siempre porque deja su impronta en nuestra vida. Y en el caso de un asunto matrimonial deja su impronta en la vida de los dos cónyuges y de los hijos. Ahora bien, no es cierto que la separación matrimonial sea irrevocable, que es algo que muchas personas desconocen.

Reconciliación tácita

Conozco dos casos en los que, después de separarse los esposos, volvieron a reconciliarse y a vivir juntos. Sin embargo no han hecho ningún trámite judicial, por lo que legalmente siguen separados. Esto carece de sentido común y de lógica y llevará consigo serios perjuicios, porque si uno fallece el otro no tendrá derecho a cobrar la pensión de viudedad, ni otros derechos que la ley o un contrato atribuyan al viudo o viuda.

La separación de bienes

He conocido separaciones de bienes por distintos motivos. Antes de la boda "porque no queremos líos y el dinero cada uno con el suyo", y después de casados porque ya estaban planteándose la separación, y la separación de bienes era un primer paso hacia ella, e incluso justamente por todo lo contrario. Veamos.

Se habían casado hacía 18 años y la vivienda familiar era un bien privativo del esposo, porque su padre se la regaló antes de la boda. El matrimonio fue fortaleciéndose a medida que pasaban los años, unas veces con alegrías y otras a través de dificultades, pequeñas y no tan pequeñas.

El marido recibió un dinero por herencia (lo recibido por herencia es un bien privativo del que lo recibe, no son gananciales que corresponden por mitad a los dos) y se planteó que ella no tenía ningún inmueble a su nombre y que, después de tantos años de matrimonio, le gustaría que ella tuviera alguno que fuera sólo suyo.

Así las cosas, decidieron comprar un apartamento con ese dinero, para alquilarlo y con el precio del arriendo poder pagar un buen colegio para el hijo más pequeño.

Como estaban en régimen de gananciales el apartamento podía ser (lo permite la ley) o un bien ganancial, correspondiendo la mitad a cada uno de los cónyuges, o un bien privativo de él; pero no podía ser un bien privativo de ella.

Decidieron pasar de los gananciales al régimen de separación de bienes para que el apartamento que iban a comprar estuviera a nombre de ella exclusivamente, como si fuera un bien privativo suyo, "porque –me decía él– si a mí me pasa algo (se refería a su muerte) que ella tenga algo sólo suyo".

Aquí, el cambio de régimen y el paso a la separación de bienes fue fruto de un amor probado.

6

El divorcio

La Ley 30/81 de 7 de julio de 1981 introdujo el divorcio en España. Con ella, si uno o ambos obtienen del juez civil el divorcio, aunque hayan contraído matrimonio canónico prometiéndose fidelidad hasta la muerte, para el Estado deja de ser matrimonio –desde la fecha del divorcio–, con la posibilidad de contraer otro nuevo.

Como se puede comprender, los casados válidamente continúan siendo marido y mujer ante Dios y ante la Iglesia, aunque hayan obtenido el divorcio.

Pero esto, que se puede decir de modo tan tajante y claro, hay que aplicarlo a situaciones muy complejas de la vida, como es el caso del que se casó canónicamente, su matrimonio fracasó y, obtenido el divorcio, se casó civilmente y lleva ya veinte años de feliz convivencia matrimonial y han tenido cinco hijos. Él está convencido de que su auténtico matrimonio es el segundo ¿se puede decir, con tanta rigidez, que con quien está casado es con la primera? O también la mujer abandonada por su marido porque –le dice– "antes, el listón del amor estaba muy alto, pero ahora está bajo mínimos y yo quiero vivir mi vida" y no le importa dejarla abandonada con 3 niños. ¿Se le va a facilitar a él que pueda pensar que su matrimonio no es válido? Sin embargo, si cuando se casó era de una inmadurez patológica tan grave que le impedía asumir las obligaciones que conlleva el matrimonio y después, pasados los años, madura y llega a ser capaz de obligarse válidamente en matrimonio ¿hay que cerrarle las puertas a tener una vida como es debido? Éstos y otros problemas son cuestiones muy delicadas que hay que tratar con fidelidad y enorme respeto.

Muchas veces nos encontramos con que la vida es más rica que las normas, y por ello este libro pretende dar a conocer las normas jurídicas, tanto de Derecho Civil como de Derecho Canónico, pero presentando además casos concretos de la vida real.

Considero que aplicar las normas a la vida exige amplitud de mente, porque el que tiene excesivo rigor no lo hará bien. La amplitud exige fidelidad y dar importancia a lo que es importante, sin darla a lo que sólo es accesorio.

Un paseo por nuestra historia

Anteriormente a la Constitución de 1978, en España había posibilidad de contraer uno de estos dos matrimonios: el canónico o el civil, siendo éste para aquellas personas que no habían sido bautizadas o que no profesaban la religión católica.

Antes de la ley de 1981, el divorcio sólo ha estado vigente en España en la época de la 2ª República, con la Constitución de 1931. Esta Constitución introdujo por primera vez el principio de la disolubilidad del matrimonio (que era extraño tanto a la ley del matrimonio civil de 1870 como al Código Civil).

Ese principio constitucional de la 2ª República acerca de la disolubilidad del matrimonio, tuvo su desarrollo en la Ley de 1932 que, acatando el precepto constitucional, estableció el divorcio por mutuo disenso o a petición de cualquiera de los cónyuges con alegación, en este caso, de justa causa.

Esa ley de 1932 fue derogada en 1939 cerrando el único período –de 7 años– en el que el divorcio estuvo vigente en España antes de 1981.

Situación actual en España

Es posible casarse canónica o civilmente, o según el rito de otra confesión religiosa inscrita en el Ministerio del Interior. Esto es un logro frente a la legislación anterior. Y así, en nuestra Constitución de 1978, en el artículo 16, 2, se proclama que "Nadie puede ser obligado a declarar sobre su ideología, religión o creencias".

Contraído matrimonio canónico, el Estado reconoce sus efectos civiles desde la fecha de su celebración, y para el pleno reconocimiento de los mismos será necesaria y suficiente su inscripción en el Registro Civil, que se practicará con la simple presentación de la certificación eclesiástica de la celebración del matrimonio canónico.

No obstante, si el matrimonio ha sido canónico y se ha celebrado ante Dios y ante la Iglesia, y el Estado lo único que ha hecho es reconocerle efectos civiles ¿quién es el Estado para decir que, con el divorcio, ya no existe un matrimonio que se contrajo válidamente y para toda la vida?, ¿es justo que una persona se quede abandonada?

En algunos países es obligatorio celebrar dos matrimonios: el civil y el religioso. La ventaja es que uno se casa y el divorcio sólo rompería ese matrimonio civil, dejando vigente el canónico. La desventaja es que lo de los dos matrimonios es una *triquiñuela jurídica*, porque el matrimonio, que une a los que se casan con un vínculo único, es necesariamente sólo uno.

Otras personas dicen, "Pues que el matrimonio sea sólo religioso y que sea la Iglesia la que regule todo", pero tampoco esto es lo adecuado, porque además de creyentes somos ciudadanos y es necesario que las leyes civiles regulen adecuadamente las relaciones de la vida social. El matrimonio tiene, además de los canónicos, efectos civiles de enorme transcendencia para todos. Que fuera sólo un asunto religioso sería algo nefasto, contrario a la realidad y daría lugar a enormes perjuicios. Las leyes civiles deben ser justas, tener por objeto el bien común y otorgar protección a todos, pero especialmente a los más indefensos ante una posible violación de sus derechos e intereses legítimos.

En Estados Unidos han surgido unos matrimonios con unas cláusulas especiales que aseguran la estabilidad, siguiendo la doctrina de la Iglesia que dice que el matrimonio no se puede romper a voluntad. Y es que ¿no está en la esencia del amor matrimonial la necesidad de permanencia, de estabilidad, de que ese amor sea para siempre? Si las grandes empresas hacen *contratos blindados* a los profesionales de valía que asegura su permanencia ¿no es lógica esa estabilidad –como una especia de cláusula que *blinda el pacto* y lo hace para toda la vida– en algo de mucha mayor trascendencia como es el matrimonio?

¿En qué casos es moral divorciarse, o siendo abogado defender un divorcio?

El Catecismo de la Iglesia Católica nos dice que "si el divorcio civil representa la única manera posible de asegurar ciertos derechos legítimos, el cuidado de los hijos o la defensa del patrimonio, puede ser tolerado sin constituir una falta moral".[1]

---

1. Catecismo de la Iglesia Católica nº 2383

Habrá que estudiar caso por caso y, de acuerdo con la situación de cada uno, ayudar a buscar la mejor solución. Será distinta la situación del que pide el divorcio que la del que ha sido abandonado; será distinto que la ruptura sea fruto de un enfado que de un deseo de rehacer la vida; será distinto que la persona tenga buena fe o no; que quiera aportar pruebas válidas y verdaderas o que pretenda apoyarse en pruebas falsas, etc.

Algunas nociones de derecho civil sobre el divorcio[2]

El divorcio, igual que la separación matrimonial, puede ser:
- De mutuo acuerdo: cuando piden el divorcio ambos cónyuges o lo pide uno de ellos, con el consentimiento del otro.
- Contencioso: cuando es solicitado por uno alegando que el otro está incurso en causa de divorcio.

Son causas de divorcio:
a) El cese efectivo de la convivencia conyugal durante un año desde la sentencia de separación, o en determinados casos desde la demanda de separación.
b) El cese efectivo de la convivencia conyugal durante dos años:

_____

2. Artículos 85 a 106 del Código Civil.

- Desde la separación de hecho consentida por ambos, o desde la sentencia firme de separación.
- Cuando quien pide el divorcio acredite que al iniciarse la separación de hecho el otro estaba incurso en causa legal de separación.

c) El cese efectivo de la convivencia conyugal durante el plazo de cinco años a petición de uno de los cónyuges, sin ningún otro requisito.

d) La condena por sentencia firme por atentar contra la vida del cónyuge, de sus ascendientes o descendientes.

Es frecuente que me pregunten "¿Es verdad que una vez separados, quiera yo o no, el otro puede conseguir el divorcio?". La respuesta es que sí, porque basta dejar pasar el tiempo que exige la ley. Se obtiene el divorcio acreditando que no se ha reanudado la convivencia matrimonial en el año posterior a la sentencia de separación. Si esto se acredita y se pide el divorcio, se obtiene, aunque el otro no lo quiera.

¿Cómo se puede acreditar la ruptura en la convivencia matrimonial? En principio sirve de prueba el estar censados en distintos domicilios para que se presuma que no hay convivencia matrimonial.

A menudo también me preguntan: "Si mi cónyuge va a conseguir el divorcio quiera yo o no ¿No daría lo mismo que me oponga o no me oponga, que lo consienta o no?". Habrá que estudiar cada situación en particular, pero como regla general no es lo mismo consentir que oponerse.

Me parece importante resaltar que cabe aplicar al divorcio algunas de las notas que hemos dado en el capítulo anterior para la separación matrimonial, tales como la intervención del Ministerio Fiscal si hubiese hijos menores o incapacitados, las medidas provisionales, los documentos acreditativos de la situación patrimonial, la obligatoriedad de cumplir lo acordado por el juez, las multas coercitivas y la posibilidad de revocar lo acordado sobre la guarda y custodia de los hijos y el régimen de visitas para los casos de incumplimiento reiterado.

Hay personas que han tenido un buen abogado canónico, y teniendo causa y habiéndola probado, obtienen la sentencia de nulidad de su matrimonio canónico. Pero eso no basta para que produzca efectos civiles, porque para el Estado sigue vigente ese matrimonio nulo y se daría el caso de un matrimonio nulo para la Iglesia y, sin embargo, válido para el Estado. Son cosas curiosas, pero casos hay.

Un caso de divorcio

Fue la primera vez que tuve en mis manos una sentencia de nulidad, hace ya muchos años. El matrimonio se había declarado nulo por el tribunal eclesiástico y la sentencia era ya firme y ejecutiva. El abogado de la mujer no era abogado civil y le recomendó que se buscara otro que le llevara el caso por lo civil.

Se buscó un abogado civil que, yendo a lo fácil, no se preocupó mucho del asunto. Para empezar, en vez de intentar que se reconociera la nulidad, pidió el divorcio; cuando lo bueno habría sido que también fuera nulo para el Estado.

Vino a mí desesperada porque con un matrimonio declarado nulo no le podían ir peor las cosas: peligraba la guarda de los hijos, el padre no había aumentado las pensiones de alimentos según el IPC y a los hijos se les sometía a una especie de tortura para que el padre los viera en la sede del juzgado, en presencia de una asistente social y perdiendo días de colegio.

Fui al Juzgado a leer los autos y me sorprendí, porque me encontré con que todo se había llevado bastante deficientemente.

Con interés, con esfuerzo, con horas de trabajo y con cariño (que todo es compatible), conseguí enderezar el procedimiento y para bien de los hijos y de la madre se acabaron las visitas de los pequeños al juzgado y en presencia de la asistente social. El padre también se quedó tranquilo. Y ha continuado así a lo largo de los años siguientes.

El divorcio o la separación y la nulidad

¿Es necesario una separación o un divorcio antes de ir a un procedimiento de nulidad?, me preguntan en ocasiones.

No, no es necesario. Pero lo habitual es que cuando una persona va a un procedimiento de nulidad, ya haya ido antes a una separación o a un divorcio. En estos casos uno de los documentos que conviene adjuntar a la demanda de nulidad, es la sentencia de separación o divorcio, porque sirve para poner de manifiesto al tribunal eclesiástico la situación en la que se encuentra ese matrimonio.

Conocer las normas y no hacer caso omiso de ellas es algo bueno para todos

¿En los *amores y desamores* se puede uno dejar llevar por lo que siente, o por lo que cree sentir, y no hacer caso de las normas?

También en el tema de los amores, que son algo tan bonito y tan poético y parece que no casan con la rigidez de las leyes, es bueno conocer las normas y tenerlas en cuenta en lo posible.

El gran maestro D. José Castán Tobeñas, que fue Presidente del Tribunal Supremo y Catedrático de Derecho Civil, recogía en uno de los tomos de su Manual de Derecho Civil Español, Común y Foral, la siguiente carta:

"Peñafiel, a 24 de octubre de 1915

Pacicos de mi vida:

En esta primera carta de novios va mi testamento, todo para ti, todo, para que me quieras siempre y no dudes del cariño de tu Matilde".

Al año murió Matilde, y Pacicos se debió apresurar a llevar esa carta al juez de primera instancia para que ordenase su protocolización, presentando tres testigos para que declarasen que no abrigaban duda racional de que esa carta estaba escrita y firmada de mano propia de Matilde. Y en presencia de los que podrían haber sido herederos de Matilde, el juez del juzgado de primera instancia de Valladolid reconoció esa carta como escrita por ella, admitió su valor de testamento ológrafo, ordenó que se protocolizase en la notaria correspondiente (según Código Civil vigente en 1915) y dictó sentencia reconociendo a Don José Pazos Vela Hidalgo (el famoso Pacicos) como heredero de Matilde Corcho Arroyo.

El carácter de testamento de esa carta se impugnó por parte de un sobrino y una sobrina, hijos de su hermana, que podrían haber heredado de Matilde, y el Tribunal Supremo, por sentencia de 8 de junio de 1918, reconoció la carta como verdadero testamento ológrafo, y por tanto, que no había lugar a la sucesión intestada a favor de los sobrinos. Y ésta fue la primera e histórica vez que nuestro Tribunal Supremo reconoció una carta como testamento ológrafo.

El amor y la nulidad del matrimonio

¿Es causa de nulidad el que no se haya celebrado el matrimonio por amor?

A lo largo de los cánones del Código de Derecho Canónico no se contempla directamente la falta de amor como causa de nulidad; pero obviamente, si no se ha celebrado el matrimonio por amor, no será posible vivir, como es debido, ni los bienes del matrimonio –el bien de los cónyuges y el bien de los hijos (la generación y educación de los hijos)–, ni las propiedades esenciales del matrimonio –la unidad (unidad propiamente dicha y fidelidad) e indisolubilidad–, ni los elementos esenciales del matrimonio, ni el consorcio de toda la vida en que consiste el matrimonio.

Además, si el matrimonio no se ha celebrado por amor, habría que ver si ha habido engaño, fraude, coacción, etc.

El amor y la separación o el divorcio

La falta de amor tampoco está contemplada en nuestras leyes como causa de separación ni de divorcio.

Pero, en la práctica, una vez que ha resultado demostrada la causa alegada para la separación o el divorcio contencioso, los jueces suelen acudir a la "falta de affectio maritalis" para dictar sentencia de separación o de divorcio.

Como lo que produce el matrimonio es el consentimiento no el amor, la falta de amor por sí sola no es causa de nulidad de un matrimonio. Pero la falta de amor es lo que hará que una persona ponga condicionantes que no caben en el matrimonio. No es la falta de amor lo que hace nulo un matrimonio, sino que es la falta de amor lo que hace que se excluya alguna o algunas cosas esenciales del matrimonio y la ausencia de ella o ellas sí es lo que hace nulo ese matrimonio.

La falta de amor no hace nulo un matrimonio ni en Derecho Canónico ni en Derecho Civil.

III

Nulidades matrimoniales

7

Algunos errores y falsedades sobre las nulidades matrimoniales

¿Es verdad que las nulidades matrimoniales son sólo para los ricos y famosos?

A *propósito de los ricos*

Todos los abogados que estamos dentro del elenco de abogados de un tribunal eclesiástico estamos obligados a llevar las causas de gratuito patrocinio que, por turno, nos vayan correspondiendo.

A continuación transcribo la carta del que, hace ya años, fue mi primer cliente de gratuito patrocinio:

"Querida Rosa:

Esto que viene más abajo es lo que, si el Director de ABC quiere, voy a contar. Espero que lo modifiques en lo que sea necesario.

Señor Director de ABC:

En carta enviada a usted hace un año aproximadamente, me quejaba de la función de la Iglesia en las anulaciones matrimoniales[1], en las que sólo se oían nombres como Rocío Jurado, Camilo José Cela[2], etc.

Bueno, pues "rectificar es de sabios".

Una vez enviada mi carta de queja al Tribunal de la Rota, un notario de ese Tribunal se puso en contacto conmigo y me hizo ver mi craso error, pues más del 70% de las anulaciones eran de personas de clase media-baja.

Ese notario me acompañó personalmente hasta el tribunal que me correspondía dentro del Arzobispado de Madrid, y allí me presentó; y como les dije que yo no tenía recursos económicos, me explicaron lo del gratuito patrocinio y me pidieron unos documentos que acreditaran mi falta de dinero, los cuales yo conseguí sin ningu-

---

1. "*Anulaciones matrimoniales*" no es correcto. Anular es declarar no válido a lo que antes sí lo ha sido. El matrimonio no puede anularse; se declara nulo porque nunca existió, no llegó ni a nacer por causa de un vicio o defecto grave que impidió que naciera ese matrimonio y solo hubo apariencia.
2. Las nulidades matrimoniales no son sólo para los ricos y famosos; pero eso no es obstáculo para que los ricos y los famosos también tengan derecho a ir a un procedimiento de nulidad matrimonial, igual que tienen derecho a ir a un procedimiento de nulidad matrimonial los no ricos y los no famosos. Y tanto unos como otros, si tienen causa de nulidad y ha sido debidamente probada, tienen derecho a que su matrimonio se declare nulo por el tribunal de la Iglesia. Lo importante, (siendo, o no, rico; siendo, o no, famoso), es tener causa de nulidad y probarla.

na dificultad, porque es cierto que vivo en un piso alquilado y que sólo cobro mensualmente una cantidad por el paro, por lo que tengo que vivir muy ajustadamente. Y entregué esos documentos en el tribunal.

Puedo decir que me pusieron a mi lado a un procurador y a una abogada muy importante y capacitada: Doña Rosa Corazón Corazón. Con el trabajo de estos profesionales mi matrimonio, que nunca fue matrimonio, se declaró nulo en una sentencia del tribunal del Arzobispado de Madrid y, posteriormente, esa sentencia fue confirmada por el Tribunal de la Rota.[3]

Ahora lo que quiero es casarme con la mujer con la que vivo y ya tengo fijada la fecha de la boda, boda que deseo con toda mi alma, y ella también la desea.

Sólo tengo palabras para agradecer y pedir disculpas al Obispado de Madrid y al Tribunal de la Rota.

Atentamente

J. C. F.

A propósito de los famosos

Decir que las nulidades matrimoniales son sólo para los famosos es olvidar que, como es lógico, lo que salta

---

3. Para que una persona que contrajo matrimonio canónico se pueda casar por la Iglesia, es necesario que su matrimonio anterior se haya declarado nulo, por sentencia del tribunal eclesiástico de primera instancia, y posteriormente que el tribunal de apelación confirme esa sentencia. No es suficiente contar sólo con la primera sentencia.

a la prensa, a las revistas del corazón e incluso a la TV, son las vidas de estos personajes (hablo de "personajes" con todos los respetos y como personas públicas que son) y si son vidas "truculentas" (en el sentido de tremendas), con más motivo aún, porque "venden".

Sin embargo, todos sabemos que el mundo está lleno de personas normales y corrientes cuyas vidas están llenas de sucesos que no saltan a los medios de comunicación. Lo mismo pasa con las nulidades matrimoniales: la inmensa mayoría de las causas de nulidad matrimonial canónica son de personas que nunca han salido, ni saldrán, en los medios de comunicación.

Las vidas de los famosos son vidas famosas y salen en las revistas. Sale el cumpleaños del niño, sus vacaciones en la playa, su divorcio, la casa que se han comprado y lo mismo sale (si la ha habido) su nulidad matrimonial.

Cuando algunas nulidades matrimoniales se publican en la prensa, aparecen necesariamente sesgadas, incompletas y escritas por personas no especialistas en la materia que poco o nada entienden de nulidades matrimoniales.

La gente se pregunta por qué le han declarado nulo su matrimonio. Y no sabe, ni va a saber nunca que, por ejemplo, fue por inmadurez patológica grave y que para poder probarla tuvieron que intervenir seis psiquiatras; o que se casó con un homosexual; o que, antes de la boda,

escribió un documento diciendo que rechazaba la indisolubilidad del matrimonio[4] y después lo incorporó al protocolo notarial...

Pero además, para poder conocer bien una causa de
nulidad, haría falta leer y estudiar todos los documentos,
es decir, muchas horas de buen trabajo, realizado a conciencia, por una persona que conozca bien la materia.

Cuando una persona pretende, por leer un artículo en
una revista, enterarse de qué ha pasado en el matrimonio
de un famoso para que se lo hayan declarado nulo, es
como aquel hombre que –eso sí, con mucho interés– se
dirigió al médico y le dijo: "Mire doctor, quiero que me
cuente, en este ratito, las causas por las que me puedo
morir". Y cabe imaginarse al médico mirándole sonrien-
te y pensando que lo que a él le había costado estudiar 6
años de la carrera, 3 años de especialidad y muchos años
de experiencia profesional, no era posible transmitírselo,
en un momento, a aquel buen señor que no sabía nada
de medicina.

En conclusión, las nulidades matrimoniales son para
el que tenga –famoso o no– causa de nulidad matrimonial debidamente probada y actúe con verdad.

---

4. Si al contraer el matrimonio se rechaza, con un acto positivo de la
   voluntad, una propiedad esencial (unidad o indisolubilidad) o un elemento esencial (la prole, por ejemplo) el matrimonio es nulo.

¿Es verdad que las nulidades matrimoniales son caras?

Habría que contestar que si una nulidad matrimonial es cara es porque es caro el abogado que la defiende y que el abogado es como el médico: se puede ir a uno caro, a uno no tan caro o a uno barato. Si el abogado al que hemos acudido nos parece caro, hay que buscarse otro que sea más barato, porque abogados hay muchos.

Un procedimiento de nulidad matrimonial supone el trabajo de las siguientes personas, especialistas en la materia:

- Tres jueces en el tribunal de primera instancia, que son los que van a dictar la sentencia declarando o no la nulidad del matrimonio.
- Tres jueces en el tribunal de apelación que son los que van a confirmar o no la sentencia recaída en primera instancia.
- Un Defensor del Vínculo en el tribunal de primera instancia.
- Otro Defensor del Vínculo en el tribunal de apelación.
- En cada uno de los tribunales actúa un notario que da fe, lo mismo que en la jurisdicción civil. Y además del notario hay un notario adjunto que realiza los trabajos de transcripción de las manifestaciones.
- Además, al igual que en todos los tribunales, hay otras personas que trabajan haciendo posible la buena administración de justicia, y que son los que se

ocupan del registro de los documentos, de las notificaciones a los procuradores, de atender el teléfono y así hasta la señora de la limpieza. Y todas esas personas, igual que las anteriores, viven de su trabajo. A ellos les pagará el tribunal eclesiástico.

- Otros intervinientes en el procedimiento, pero que trabajan por cuenta propia, son: un abogado, un procurador y uno o más peritos –psiquiatras, psicólogos, urólogos, ginecólogos, calígrafos– en las causas en que sean necesarios. Estas personas también viven de su trabajo, por lo que hay que remunerar sus servicios. A estos últimos les pagará directamente el cliente que acuda a ellos.

En la jurisdicción civil (llamo civil a la que no es eclesiástica, e incluyo no solo la civil, sino también la penal, laboral, contenciosa administrativa, etc.), tanto los jueces como el resto del personal de los juzgados cobran su sueldo de los Presupuestos Generales del Estado y ese dinero sale de nuestros impuestos, por lo tanto, del bolsillo de todos y no sólo de los que pleitean, como ocurre, hoy por hoy, en la jurisdicción canónica, aunque no es una cantidad astronómica, ni mucho menos.

Las tasas del tribunal eclesiástico

Por regla general, las tasas del Tribunal de Primera Instancia son, en Madrid, para el demandante 480 € y otros 120 € más por cada capítulo, si se pide por más de uno y 240 € para el demandado en el caso de personarse activamente; en Las Palmas de Gran Canaria: 605 € y en Salaman 300 + 300 + 300 = 900 € [5] y son las tasas más caras.

El Tribunal de Apelación: si le corresponde la confirmación de la sentencia al Tribunal de la Rota, como es el caso de las sentencias que ha dictado en primera instancia el Tribunal de Madrid, sus tasas actuales son: si la Sentencia de Primera Instancia fue afirmativa 360,61 €. Y posteriormente si por Decreto se ordena que la Causa pase a turno ordinario, con repetición de pruebas, habrá un segundo pago que ascenderá a 150,25 €. Si la Sentencia de Primera Instancia fue negativa: 450, 76 € para el demandante y de 390,66 € para el demandado si se persona activamente. Si le corresponde la confirmación al Tribunal de Madrid sus tasas son: 300 € si es para confirmación de la sentencia o paso a proceso ordinario. De 480 € para el caso de apelación. Para el demandado, en

---

5. De todos modos téngase en cuenta que las cantidades que aquí se indican son cantidades aproximadas, y se dan con la finalidad de poder aportar, ahora, una información a nivel divulgativo del coste de las nulidades. También hay que recordar que, con el paso de los años, estas cantidades se actualizarán como pasa siempre con el dinero, y que dentro de poco, ya no hablaremos de pesetas, sino de euros. Las cantidades no tienen que ser exactamente iguales en todos los tribunales eclesiásticos, ni tampoco se pagan en todos los tribunales en los mismos momentos, y esto es lógico porque cada tribunal tiene sus normas por las que se rige, buscando el beneficio del cliente e intentando cubrir parte del coste que supone, que no llega a cubrir, desde luego.

caso de personarse activamente, de 240 €. Incrementándose las tasas en 120 € por cada capítulo añadido.

Como vemos, las tasas totales de un procedimiento de nulidad matrimonial son –incluida la primera y la segunda instancia– de unas 1.200 € (600 € + 510,86 €), que cubre el trabajo de muchas personas durante todo el tiempo que dura el proceso y es lo único que percibe el tribunal eclesiástico.

¿Cuánto cobran las demás personas?

Notario eclesiástico: en el Tribunal de Madrid, las tasas por el mandato a procurador y letrado son 15 €, cuando el poder general para pleitos otorgado en un notario civil nos puede costar entre 30 y 35 € y además a ese poder hay que añadirle el "derecho de intervención profesional" para el Colegio de Abogados que ascenderá a 46,28 € y la "Cuota colegial variable" para el Colegio de Procuradores que ascenderá a 15,03 € . En el Tribunal de la Rota el poder no tiene tasas.

No siempre es necesario otorgar el poder notarial eclesiástico; por ejemplo en Las Palmas de Gran Canaria la demanda es firmada por el cliente y por el abogado y ya no es necesario otorgar el poder notarial nombrándolo abogado, porque se sobreentiende que es el abogado designado. Tampoco ahí es necesario el procurador.

Procurador: este profesional en lo eclesiástico, igual que en la jurisdicción civil, cobra cantidades fijadas por arancel. Como regla general, en una nulidad matrimonial puede cobrar unos 300 o 400 € y en Salamanca 450 €.

Si hay que enviar exhortos para declaraciones de parte 30 €, para declaración de testivo 25 € y para notificación de sentencia 18 €.

Peritos forenses: pueden ser psiquiatras, psicólogos, urólogos, ginecólogos, calígrafos o traductores. En el tribunal de Madrid: el perito psiquiatra o psicólogo cobra por cada pericia 270 €, el perito ginecólogo y el urólogo 180 € y el calígrafo 150 € y el traductor 12 € por folio a traducir, cantidades que tiene que pagar la parte que pide la prueba pericial.

En los demás tribunales de primera instancia cada pericia suele costar cantidades parecidas, con pequeñas variaciones. Por ejemplo en el Tribunal del Obispado de Bilbao la pericia para los dos es 841,42 €.

Quiero resaltar que la buena pericia –la que tiene mayor valor en la causa de nulidad– es la que hace el perito forense que designa por turno el tribunal que sentencia, porque de ese modo se garantiza su imparcialidad. Otro perito que hubiera sido elegido por el propio interesado podría estar más vinculado a él e inclinado a favorecer al que le paga y, además, cabe que pidiera cantidades excesivas de dinero por realizar una pericia. Para evitar esto, suele haber en los tribunales eclesiásticos una lista de peritos forenses y el dictamen lo hace el perito que indique el tribunal, habiéndolo elegido por turno o sorteo. El tribunal determinará una cantidad por cada pericia. La parte no paga directamente al perito, sino que el coste de la pericia se ingresa en una cuenta del tribunal. Todo ello contribuye al trabajo imparcial del perito en las causas de nulidad matrimonial.

"¿Por qué yo no puedo llevar mi propio psiquiatra y su dictamen?", me dice un señor que quiere la declaración de nulidad de su matrimonio, pero no quiere pagar nada.

Y le contesto que sí se puede aportar al procedimiento el dictamen de su psiquiatra, pero será una prueba documental porque es un documento privado en el que el psiquiatra hace su valoración. ¿Tiene valor? Claro que lo tiene, pero será mayor o menor dependiendo del momento en que se realizó.

En una nulidad matrimonial lo caro es el abogado ¿por qué?

La remuneración es similar a la de un médico especialista y tiene que ser adecuada para el trabajo que realiza, para poder cubrir todos los gastos que conlleva el libre ejercicio de su profesión y, como es lógico y en la misma medida que los demás profesionales, para poder vivir de su trabajo.

Si un abogado nos parece caro, busquémonos otro.

Una alabanza para todos los abogados, mis compañeros y colegas

Quiero resaltar que el trabajo del abogado, cuando está bien hecho, es de enorme importancia para poder vivir en sociedad y un gran beneficio para todos, porque el abogado es la persona legalmente autorizada para defender en juicio los derechos del que se considera perjudicado en sus legítimos intereses, en muchas ocasiones mediando para llegar a un acuerdo y evitar un pleito, y para dar un dictamen y asesorar en aquellas cuestiones legales que se le consultan. El abogado debe buscar siempre el bien de su cliente.

La profesión de *abogar* se inició, al parecer, con Antisoaes que, según se dice, fue el primer defensor que percibió honorarios por la prestación de sus servicios como abogado. Se afirma que Pericles fue, en Grecia, el primer abogado profesional. En Roma el enorme desarrollo del Derecho Romano y la complejidad de sus normas hizo que fuese imprescindible esa profesión que se encomendó a personas que eran, al mismo tiempo, grandes oradores y grandes jurisconsultos. Cicerón fue el prototipo de aquellos abogados romanos y, tal vez, sigue siendo uno de los más grandes que la historia ha conocido.

El papel de abogado ha ido adquiriendo, a través de los tiempos, mayor importancia, hasta el punto de que representa el más alto exponente de la defensa, no sólo de los derechos individuales, sino de la garantía de los que la Constitución reconoce. La abogacía es, además, el más fuerte valladar contra los abusos de los poderes públicos, especialmente en los regímenes dictatoriales o totalitarios. De ahí la hostilidad que esos sistemas han tenido siempre hacia los abogados, desde los tiempos antiguos, pasando por Napoleón, hasta los actuales. Por eso se dice que los abogados son igualmente denostados por los tiranos y por los necios. Contrariamente, los regímenes democráticos y liberales respetan y enaltecen el ejercicio de la abogacía, declarando en sus constituciones la inviolabilidad de la defensa en juicio de la persona y de sus derechos.[6]

Pero, además, un buen abogado consigue, muchas veces, que las partes puedan llegar a un acuerdo y evitar el pleito.

¿El abogado puede cobrar un millón de pesetas por una nulidad matrimonial? Perfectamente, y también mucho más y mucho menos. Me han comentado de un abogado de prestigio, pero no buen trabajador, que para hacerse cargo de la defensa del cliente en una nulidad matrimonial exige un primer pago de seis millones de pesetas. Y le van los clientes... los que luego salen en las revistas del corazón.

Es posible también realizarlo como beneficencia, como voluntariado, como una labor de solidaridad y no como un trabajo profesional.

6. Extracto del "Diccionario de Ciencias Jurídicas, Políticas y Sociales" de Manuel Ossorio.

Es un trabajo, como el del cirujano, en el que no todos cobran igual, pues depende de su categoría profesional, de su experiencia, de su dedicación, etc. Y hay que saber que nunca cobra lo mismo un principiante que un profesional experimentado.

Una nulidad matrimonial, bien llevada, exige muchas horas de trabajo del abogado –a veces a lo largo de varios años–, en beneficio del cliente. También es cierto que no todos los abogados se dedican a ello por igual. Hay algunos que se toman interés y otros que no tanto. Recuerdo hace ya años, cuando defendí mi primera causa de nulidad matrimonial, que el notario del tribunal me decía: "¡Qué valor tienes!", porque tenía de contrario (el abogado que defendía al otro cónyuge) a *una eminencia de mucha fama.* Y me encontré con que *la eminencia* no se tomó ni el más mínimo interés por el caso, pues ni tan siquiera fue a las declaraciones de las partes y de los testigos[7]. Ese abogado dilató el curso del procedimiento retrasando más de lo debido la resolución, pidiendo prórroga para los plazos que se señalaban para la presentación de los documentos, etc. Pero, claro, de eso el clien-

---

7. El abogado tiene derecho a asistir al examen de las partes y de los testigos, salvo que –por las circunstancias del asunto y de las personas– el juez estime que debe procederse en forma secreta. Si asiste puede, al terminar la declaración de que se trate, proponer al juez que le haga alguna nueva pregunta sobre un asunto que considere que no ha quedado suficientemente claro o que es importante y no se ha puesto de manifiesto.

te ni se entera y luego *a lo peor el abogado le echa la culpa al Tribunal de la lentitud del procedimiento.*

Es mejor que el abogado sea especialista en derecho matrimonial canónico y civil, para que pueda hacer una buena defensa ante el tribunal de la Iglesia y el civil, y muy posiblemente nos saldrá hasta más barato.

Si el abogado lo hace mal, aunque haya causa de nulidad matrimonial puede recaer una sentencia negativa, no porque no exista causa sino porque no se ha probado.

¿Es verdad que una nulidad es cara?

Sobre si es cara o barata cabría preguntar ¿cuánto te costó casarte?, ¿cuánto te costó el vídeo y las fotos?, ¿cuánto el *vestidito de novia* que, eso sí, es *una monada, pero realmente innecesario*? (aunque, desde luego, no tengo nada en contra de los vestidos de novia), ¿y la peluquería, y el maquillaje y los zapatos?, ¿cuánto os costaron las invitaciones?, ¿y el banquete?, ¿y el viaje de novios? Con todas estas preguntas lo que se pone de manifiesto es que cuando uno quiere y valora una cosa, lo del coste es muy relativo.

Un señor me dijo en una ocasión: "Tengo claro que, actualmente, lo que va a tener mayor transcendencia para el resto de mi vida es este procedimiento de nulidad matrimonial y quiero el mejor abogado y me gasto lo que sea". Dadas sus posibilidades económicas, llegamos a un acuerdo sobre el pago aplazado, aportando una cantidad cada mes.

Cuando oigo que una nulidad es cara y me entero de lo que esa persona gana y su nivel de vida, a veces me viene a la memoria el cuadro del famoso pintor español Joaquín Sorolla *"Aún dicen que el pescado es caro"*. Pero esto no quita para que esté muy contenta con mi trabajo y que compruebe, cada día, que un buen abogado puede hacer mucho bien.

En un Congreso de Derecho Matrimonial Canónico[8] celebrado en septiembre de 1999 al que asistimos 250 especialistas de todo el mundo en la materia, un gran perito psiquiatra me decía: "Mira, si yo, haciendo un dictamen (que necesariamente incluye entrevista, pruebas, estudio de los documentos, redactar el dictamen y ratificarse en su contenido ante el Tribunal) para una causa de nulidad, divido lo que gano entre las horas dedicadas, y sale que gano lo que le tengo que pagar a mi asistenta, no me merece la pena dedicarme a esto y tendré que dejar ese trabajo".

Todos somos conscientes de que un buen trabajo exige una adecuada remuneración, porque en otro caso esos buenos profesionales se irán a otros asuntos y nos quedaremos con los malos, lo que sería una pena.

---

8. XV Simposio de Derecho Matrimonial Canónico celebrado en la Universidad Pontificia de Salamanca del 13 al 17 de septiembre de 1999.

Para llevar bien un procedimiento de nulidad matrimonial hay que contar con buenos profesionales. La causa lo merece y la transcendencia que va a tener en la vida de esas personas, también.

El gratuito patrocinio

Para que las personas que carecen de suficientes recursos económicos puedan ir, como cualquier otra, a un procedimiento de nulidad matrimonial, están previstos el gratuito patrocinio y la reducción de costas, por lo que cabe la exención total con el primero y la reducción de las expensas judiciales con la segunda.

Haber obtenido el beneficio del gratuito patrocinio supone la gratuidad de todo el procedimiento de nulidad matrimonial, incluidos el abogado, el procurador y los peritos que sean necesarios, además de la actividad de los seis jueces, dos defensores del vínculo y dos notarios.

Hay que aportar los documentos que justifican la carencia de recursos para litigar, que por lo general son los siguientes:

- La Declaración de la Renta o el Certificado negativo de la Hacienda Pública.
- Las nóminas.
- El Certificado del Registro de la Propiedad o del Catastro en el que constan los bienes inmuebles de los que se es propietario, o negativo si se carece de ellos.

– En caso de ser beneficiaria del importe de pensiones de alimentos para los hijos o de una pensión compensatoria, porque se haya determinado por el juez en la sentencia de separación o divorcio, también se aportará el justificante de la cuantía a la que ascienden.

– Cualquier otro documento acreditativo de la situación económica.

Y como regla general se puede considerar que si los ingresos son inferiores al doble del salario mínimo interprofesional, se reconocerá el derecho al gratuito patrocinio, como en civil se reconoce el derecho al turno de oficio.

Es posible también pedir la reducción de costas –en un 50% o en otro porcentaje– cuando, sin reunir el requisito para obtener el gratuito patrocinio, se tiene insuficiencia de recursos económicos para cubrir todo el coste del procedimiento. En esos casos el abogado, el procurador y el perito también cobrarán una cuantía inferior en la misma proporción.

Cuando hay gratuito patrocinio el abogado y el procurador no los elige el interesado. El tribunal es el que los designa por turno rotativo.

Los abogados y procuradores, cuando somos designados por gratuito patrocinio, asumimos la defensa y representación del cliente como una forma de colaborar, con nuestro propio trabajo, en la administración de justicia que desempeña la Iglesia a favor tanto del que tiene como del que no tiene recursos económicos, y dentro de su opción preferencial por los pobres.

¿El abogado y el procurador trabajarán bien si son de gratuito patrocinio?

He recogido experiencias buenas, y otras no tan buenas. Para trabajar bien sin cobrar hace falta, desde luego, ser un profesional honrado.

Me encontré el caso de una señora que me dijo: "Mi hija consiguió la nulidad por gratuito patrocinio y le fue bien, sólo que la causa duró más tiempo del que le hubiera tardado de otro modo, porque el abogado se dedicó a ella después que al resto de sus clientes".

En otra ocasión vinieron a mí unos señores y me contaron que, hacía varios años, les habían asignado abogado y procurador de gratuito patrocinio porque, en aquel entonces, él no tenía dinero. Después de ponerse en contacto con el abogado, éste les pidió una serie de documentos. Cuando los consiguieron fueron a su despacho y se los entregaron. Pasaba el tiempo y no les comunicaba nada. Extrañados, le llamaron y les contestó que él se había cambiado de despacho y que se le habían perdido sus documentos, que los volvieran a conseguir de nuevo y que se los entregaran otra vez. Se enfadaron y abandonaron la causa de nulidad durante años.

La Iglesia sí hace para que las nulidades matrimoniales no resulten excesivamente caras

Como acabo de contar, está el gratuito patrocinio y la reducción de costas. También hay tribunales que marcan un límite a lo que pueden cobrar el abogado y el procurador. Pero de todos modos, esas cantidades límites hay que actualizarlas, y en ocasiones habrá que regularizarlas porque no puede costar lo mismo que la defensa exija traslados o no, que sea complicada o no, que haya muchas o pocas entrevistas, que el profesional sea experto o que sea novato, etc.

No olvidemos que, como ya hemos visto más arriba, un buen servicio exige una remuneración adecuada y si un abogado me parece caro puedo buscarme otro más barato, lo mismo que sucede con cualquier otro servicio que deseo recibir.

En el Tribunal Eclesiástico de Salamanca, con el fin de evitar posibles abusos, se han fijado las siguientes cantidades como gastos del proceso: por tasas del tribunal 901,52 € (no conozco ninguna tan elevada para toda España), honorarios del procurador: la mitad de las tasas del tribunal, es decir, 450 €, y como honorarios del abogado algo más de 1.800 € (que, muy posiblemente, si le dedica la atención debida, no cubre sus horas de trabajo ni a razón de 6 o 9 € por hora).

¿Es lo mismo el gratuito patrocinio que el turno de oficio?

Tanto en el gratuito patrocinio como en el turno de oficio el abogado y el procurador nos van a salir gratis, no vamos a pagar nada por sus servicios. La diferencia es que el turno de oficio es voluntario y, sin embargo, un abogado que está en el elenco de abogados de un tribunal eclesiástico lleva los casos de gratuito patrocinio que por turno le correspondan.

En el turno de oficio el colegio profesional[9] paga al abogado y al procurador una pequeña cantidad por cada pleito en el que intervenga, mientras que en el gratuito patrocinio el abogado y el procurador no perciben nada (ni el cliente les paga, ni el Estado les paga, ni su colegio profesional les paga, ni –desde luego– las tasas que abonan los interesados al tribunal eclesiástico dan para pagarles), y además de trabajar sin cobrar, son ellos los que tienen que cubrir todos los gastos que conlleve el pleito, tanto de material (papel, tinta, fotocopias, etc.), como de transporte, teléfono, fax, etc., que son gastos necesarios en todas las causas.

9. El Colegio de Abogados de Madrid paga al abogado de oficio por un procedimiento completo de familia: 253 € (según normas a aplicar desde el 24 de junio de 2003). Como ya se ha indicado estas cantidades salen de los Presupuestos Generales del Estado, es decir, las pagamos todos los contribuyentes; pero nada de esto sucede con los Procedimientos de la Iglesia porque en los Presupuestos Generales no hay partida para los Procedimientos Eclesiásticos.

Si bien es verdad que llevar causas de gratuito patrocinio es colaborar con la Iglesia en la buena administración de justicia, tanto con los que tienen recursos económicos como con los que no los tienen. Y ésa es una causa noble.

Como novedad, el Tribunal eclesiástico de Madrid indica en su Reglamento que rige desde enero del 2001, que todo abogado y procurador de su elenco abonará anualmente una cuota, que será la que en cada momento se establezca, para que al final de cada año se puedan distribuir los fondos de estas cuotas entre las causas de patrocinio gratuito. Lo mismo que se paga una cuota al propio Colegio profesional al que uno pertenece, se paga esta cuota, pero en este caso es una cantidad pequeña.

¿Es verdad que la Iglesia no percibe nada de lo que cobran los abogados, los procuradores o los peritos? ¿Es verdad que el tribunal eclesiástico lo único que percibe son sus tasas?

Cuando explico lo que hay que pagar al tribunal eclesiástico por una nulidad, como dice la gente por ahí, el que me escucha se queda perplejo, a veces hasta duda y me sigue preguntando "¿Pero, de verdad el tribunal no se beneficia del dinero que perciben el abogado, el procurador o los peritos?". Rotundamente no.

El tribunal eclesiástico percibe, en una causa de nulidad, sus derechos, tasas o emolumentos que, como ya

hemos visto, pueden variar entre unos 480, 600 y 900 €
para la primera instancia –por un trabajo llevado a cabo
por tres jueces, un defensor del vínculo, un notario, un
notario adjunto y el personal del tribunal– y unas 300,
360, 420 y 450 € para la segunda instancia –por el trabajo que llevan a cabo igual número de personas–.

Como es lógico el tribunal tiene que cubrir el coste de
su personal, del edificio, del material y de la maquinaria.
Y los ingresos que percibe por sus tasas no cubren, ni
muchísimo menos, su coste. Para la Iglesia el manteni-
miento de los Tribunales es absolutamente deficitario,
sin lugar a dudas.

¿Qué se necesita para poder estar en el elenco de abogados de un tribunal eclesiástico?

Además de hacer los cursos del Tribunal de la Rota de
España, que duran 3 años con clases y trabajos y un 4º
año con examen de toda la materia vista, hay otros
medios como son:

– Los cursos del Tribunal de la Rota romana.
– Hacer un curso de acceso, distinto al del Tribunal de
  la Rota, que esté reconocido para este fin.

Además siempre hay que hacer la solicitud al Obispo
de la diócesis y ser admitido por el Tribunal.

El curso del Tribunal de la Rota sólo se puede hacer
en Madrid, con el Tribunal de la Rota de la Nunciatura

Apostólica en España, o en Roma con el Tribunal de la Rota romana. En el curso de Madrid la ventaja es que los profesores son los propios jueces y el Defensor del Vínculo del Tribunal de la Rota de España.

Al curso de Madrid vienen personas de toda España, pues las clases sólo ocupan una tarde cada mes, y se facilita que los alumnos puedan venir y marcharse en el día. Además de los que aspiran a ser abogados del elenco, asisten a esas clases los que quieren ser peritos en causas de nulidad y también miembros de tribunales eclesiásticos de distintos lugares de España.

¿Cuánto tiempo tarda en declararse la nulidad matrimonial?

Cuando me hacen esta pregunta suelo decir: "calcula dos años". El Código de Derecho Canónico marca un tiempo de un año para la sentencia del primer tribunal y de medio año más para la confirmación de esa sentencia. De todos modos, cada caso es distinto.

Indudablemente facilita la agilidad del procedimiento que el abogado desempeñe bien su trabajo, pero también dependerá de que aparezcan o no contratiempos. Será distinto que una parte no comparezca y haya que volver a citarla, o que pase con algún testigo; que haya que enviar exhortos; que se formulen o no recursos; que haya peticiones extraordinarias; que la causa pase en segunda instancia a trámite ordinario y, en este caso, se propongan y practiquen pruebas y se dicte sentencia de nuevo...

Pero también es verdad que el buen trabajo del abogado puede hacer que la causa vaya con diligencia o no, porque hay causas que *duermen tranquilamente* porque falta quien se preocupe de ellas.

Si ya tenemos el divorcio ¿para qué ir a una nulidad?

Me parece que ya ha quedado suficientemente claro que, con el divorcio, el juez civil dice que para el Estado, a partir de la fecha de la sentencia, ya no existe matrimonio.

En una nulidad matrimonial la Iglesia, aplicando el Derecho y con un procedimiento judicial justo en el que se da la posibilidad de intervenir a los cónyuges y recibiendo las pruebas que se aporten por una y otra parte, dicta sentencia declarando que ese matrimonio nunca existió, que sólo hubo una apariencia de matrimonio. Los dos cónyuges quedan libres y se pueden casar canónicamente, ya que el matrimonio no ha existido nunca.

En un divorcio el matrimonio canónico ha existido válidamente para Dios, para la Iglesia y para el Estado, pero, tras él, el Estado dice que ya no existe. Pero no dice "ya no existe para el Estado", sino "ya no existe", como si lo que dijera el Estado pudiera vincular a Dios y a la Iglesia, que es la única que puede decirte que no estás casado porque en realidad nunca lo estuviste.

¿Se puede conseguir una nulidad si el otro se opone? Y ¿si no acude cuando le llaman?

Sí es posible, porque a la otra parte se le da la posibilidad de comparecer. Si no comparece, ni da excusa razonable de su ausencia, el juez la citará de nuevo y si tampoco comparece, la declarará ausente del juicio y el procedimiento seguirá su curso hasta la sentencia definitiva y su ejecución.

Entonces la parte demandante será la que tendrá que probar que ese matrimonio es nulo (se dice que tendrá toda la carga de la prueba). En este caso no se cuenta con las pruebas que podría aportar la otra parte a favor o en contra de la nulidad, ni con más oposición a su petición que la que haga el defensor del vínculo.[10]

Y ¿la gente que dice que no va a un procedimiento de nulidad matrimonial porque no quiere remover recuerdos dolorosos?

Mi experiencia es que no hay que remover nada. La vida, cada uno la suya, la tenemos ahí, y basta sentirse comprendido y acogido para que la conversación salga sin ninguna dificultad.

---

10. Al Defensor del Vínculo le corresponde proponer y manifestar al tribunal todo lo que, razonablemente, considere que es contrario a la declaración de nulidad de ese matrimonio.

Recuerdo a una chica que me dijo que no quería hablar. Le animé a dar un paseo y fuimos andando y charlando por una urbanización próxima a Madrid. Cuando ya llevábamos 2 horas de paseo y de conversación, le dije: "Perdona, pero ahora tenemos que cortar; si quieres continuamos por la tarde". Noté que le costaba dejar la conversación.

¿Qué pasa con los hijos cuando el matrimonio se ha declarado nulo por la Iglesia?

Una declaración de nulidad matrimonial, cuando se ha trabajado con la debida rectitud y, por ello, el fallo se apoya en pruebas verdaderas, no puede hacer daño a los hijos. Si por rebeldía hay una primera reacción contraria, habrá que esperar a que maduren un poco para explicárselo. Los fallos que han cometido los padres, si lo hacemos bien con los hijos, pueden servir para que éstos no se equivoquen en lo mismo que sus padres. El matrimonio no supone una excepción a esto.

Los hijos no dejan de ser hijos matrimoniales y conservan todos los derechos que les corresponden por ser hijos: eso no cambia.

Tener un matrimonio canónico declarado nulo no impide, desde ningún punto de vista, poder ser un buen ejemplo para los hijos. Un padre joven, pero muy experimentado, me decía: "Los hijos también aprenden cuando ven que sus padres saben pedir perdón".

¿Por qué ahora hay tantas causas de nulidad y antes no las había? ¿Es que la Iglesia ha abierto la mano? ¿Las nulidades matrimoniales son una especie de divorcio eclesiástico?

Las nulidades matrimoniales no son ningún tipo de divorcio. Con ellas se declara probado que nunca existió ese matrimonio, que sólo hubo una apariencia errónea.

Nulidades matrimoniales ha habido siempre. Ya en el siglo XVI el Rey Enrique VIII de Inglaterra, inquieto por su sucesión, pues sólo tenía una hija, pidió al Papa Clemente VII que declarase nulo su matrimonio con Catalina de Aragón; la historia nos dice que sin conseguirlo.

El Papa, que es la Suprema Autoridad de la Iglesia Católica, dijo en su discurso al Tribunal de la Rota romana del 21 de enero de 2000: "La Iglesia, tras examinar la situación por el tribunal eclesiástico competente, puede declarar *la nulidad del matrimonio*, es decir, que *el matrimonio no ha existido* y, en este caso, los contrayentes quedan libres para casarse, aunque deben cumplir las obligaciones naturales nacidas de una unión anterior".

El aumento de causas de nulidad matrimonial no es necesariamente malo, como no lo es acudir al médico ante una grave enfermedad.

Estamos en una época de grandes avances que, en la mayor parte de los casos, son para beneficio de la humanidad. Y estos grandes progresos también han sido asimilados por la Iglesia. Algunos de los avances de la ciencia psiquiátrica, que son de gran valía, han servido para que, en ocasiones, personas que antes no hubieran sido capaces para casarse debido una enfermedad mental, ahora sí lo puedan hacer, porque su enfermedad en la actualidad se puede curar; pero también para, en otros casos, detectar personas que, a pesar de la boda, no se han casado porque en ese momento eran incapaces para asumir las obligaciones esenciales del matrimonio debido a una anomalía psíquica grave.

Como prueba del beneficio que suponen los avances de la ciencia psiquiátrica transcribo a continuación parte de un capítulo del libro *Concierto para instrumentos desafinados* de Juan Antonio Vallejo-Nágera, titulado "Joyas en el basurero", en el que este psiquiatra le dice a uno de sus antiguos pacientes:

Higinio, viejo y noble amigo. Escucha:

El manicomio es el basurero en el que la sociedad arrincona a los que, como tú, parecen inservibles para siempre.

Buscando bien, sabiendo mirar, a veces se encuentran joyas en el basurero. Fuiste una de ellas.

Nunca pudiste sospechar la gran influencia que has tenido en mi vida. Llegaste al sanatorio poco después que yo, en un traslado desde otro hospital donde, no pudiendo curarte, te enviaban a uno de "crónicos". No les gusta llamarlo de "incurables".

¡Pobre Higinio! En las primeras semanas eras una "curiosidad clínica", que se debía mostrar a los estudiantes de Medicina que acudían a hacer prácticas, por si no tenían posibilidad de estudiar otro caso similar.

Esa mirada tuya, transparente y limpia de hombre sin doblez e ilusionado, estaba fija, inexpresiva, vidriada como la de las figuras de los museos de cera, en realidad, de personaje secundario de museo, sólo útil para completar la escena, pues representabas a un campesino zafio. Entre paleto de Gila o 'Isidro' de comedia de Arniches. Abarcas hechas con trozos de neumático desechado, el pantalón de pana sujeto con una soga, la camisa sin cuello. Sobre el tuyo, corto y ancho, la cabeza hirsuta. Dentadura mellada, cejas casi juntas, y la boina, Higinio, la boina desteñida color ala de mosca que no te quitabas ni para dormir.

¿Cómo podríamos sospechar que ese corpachón tosco, deformado por el duro trabajo inclemente desde la niñez, escondía tal tesoro de belleza interior? Ni siquiera hablabas, Higinio. Recuerda que había que vestirte, darte de comer, cucharada a cucharada, bocado a bocado... y tú demasiado lentamente, de forma mecánica, como una vaca, con expresión estupurosa y los ojos inmóviles. ¡Compréndelo!, no es culpa nuestra, nadie lo hubiese adivinado.

La revelación llegó repentinamente tras abandonar el hospital, con tu primera carta, en la que te disculpabas por no haber acudido a la consulta:

"Ende que no fui, habrá Vd. pensado que soy desagradecido, pero es que la verdad que no me lo quito de entre las mientes.

No fui por la recogida de la aceituna. La aceituna, no sé si Vd. sabrá, es de donde sale el aceite y es un fruto muy hermoso...".

Lo sé, Higinio, lo sé. Es una maravilla. Tiene el ritmo melódico de una sonata barroca. Milagro verbal. Proeza literaria de alguien que nunca fue a la escuela.

Pastor desde los cinco años, y bracero del campo en cuanto pudieron sostener la azada y manejar la hoz aquellas manos infantiles que enseguida crecieron y se deformaron. Todos lo reconocimos; bueno, los pocos que entonces trabajábamos en el hospital. Atónitos, en el despacho leíamos en voz alta una y otra vez esta poesía involuntaria. Repasábamos el papel amarillento y esponjoso en el que se había corrido la tinta verde con tu caligrafía casi ilegible. Pero, ¿por qué os daba en los pueblos por usar tinta verde?

Vicente Gradiñas, extremeño, insistía en que se trataba de castellano arcaico puro. Rubén Cobos, nicaragüense, comentó: "no sé si es castellano puro, pero es asombroso". José Luis, optimista y un tanto farolero aseguró que él ya se "barruntaba algo". Sor Adela, en silencio, asentía repetidamente movilizando aquella gigantesca toca almidonada, reliquia medieval, que hacía a las hermanas pasar las puertas con la cabeza de perfil.

Sin saber por qué me puse triste y te juro que jamás, Higinio, jamás he vuelto a sentirme superior ante alguien a quien el destino ha dado menos oportunidades. Ya te lo dije, has influido mucho en mi vida.

Las primeras semanas seguías siendo una figura de cera. Nunca te interesó el nombre de la enfermedad que bloqueaba todas tus iniciativas: 'Esquizofrenia catatónica', de la variedad que tiene un síndrome llamado 'flexibilidad cérea', porque el cuerpo, los brazos, las piernas, las manos, todo opone una resistencia pasiva, como de cera, a las posturas en que se intenta colocar. Luego queda así inmovilizado, tal como se moldeó, hasta que otra persona altera la posición de la estatua viviente.

Esta forma de la catatonia es una rareza, por eso había que mostrarte a los estudiantes. Reconocerás que siempre tenía buen cuidado de advertirles antes de llegar a ti que, aunque no reaccionabas perceptiblemente a nada, te enterabas de todo y que, por tanto, debían tener mucho esmero en no herir tu sensibilidad con algún comentario.

No es grato sentirse colocado en una postura rara, artificial, con cada dedo en una dirección y una pierna en el aire, para que comprueben que permaneces así. Luego había que demostrarles que en esa enfermedad con abolición de toda motilidad[11] voluntaria no hay, sin embar-

---

11. Motilidad: facultad que tienen los seres vivos de producir movimiento.

go, *una parálisis, pues se conserva la motilidad automática, la que se tiene instintivamente cuando uno pierde el equilibrio y va a caer. Por eso, sentado en una silla, traicioneramente tirábamos de ella hacia atrás, y extendías repentinamente los brazos y las piernas, como hacemos todos por reflejo en situación similar. Luego tornabas a quedar inmóvil, congelado.*

De acuerdo, es triste, y si quieres humillante; pero ¡compréndelo, Higinio!, tienen que aprender. Sólo así conocerán esta enfermedad, para el día de mañana poder curar a otros enfermos iguales. Si nosotros no hubiésemos estudiado años atrás otras víctimas de tu enfermedad, no te habríamos podido curar. Y te curamos, Higinio, te curamos. Y ellos están curando ahora a otros enfermos que sufren lo mismo que padecías tú.

Los años cincuenta fueron los del gran avance práctico de la Psiquiatría. Cada pocos meses salía un nuevo medicamento dando esperanza a enfermos antes incurables. Una de estas medicinas te salvó de perpetuar el amargo destino al que parecías condenado.

'Fíjense en que adopta pasivamente y luego mantiene las flexiones que impongo a sus dedos'. Mis manos parecían una frágil miniatura entre las tuyas gigantescas y nudosas, como sarmientos de vid. Era febrero. La escarcha, brillando el sol invernal, embellecía el patio cuando ocurrió el milagro. Tu mano, en lugar de la resistencia

pasiva cediendo pausadamente a la presión, apretó la mía. Miré tus ojos y por primera vez tenían expresión; los labios temblorosos dejaron salir las primeras palabras musitadas: 'Tengo... tengo miedo'.

Todo fue muy rápido. En pocos días, transformado en otra persona, en una persona, pedías lo que nunca habías querido interrumpir: trabajar.

Es muy fácil decir ahora que debíamos haber intuido el torrente de poesía que brota de tu alma, al ver que en la huerta hacías los surcos amorosamente, enterrando las semillas como quien arropa a un niño.

En el verano, al entregar una sandía o una berenjena, la boca abierta en sonrisa mellada y los ojos radiantes: 'miré usté qué cosa más bonita'. Fíjate, no lo entendimos.

Higinio, llevas un mes completamente bien, el tratamiento se puede seguir en casa: avisa a tu familia. 'No tengo a nadie'.

Te dimos una carta para el médico del pueblo explicando cómo convenía seguir el tratamiento, y una palmada en la espalda. No mucho.

Viniste a consulta poco después de la primera carta, y meses más tarde llegó la segunda, en que contabas tus cuitas al regresar al hogar vacío: 'En llegando al pueblo hube mucha soledad...'.

Lo ocultaste hasta entonces, pues no gustabas agobiar a los demás con tus penas. Ahora podías decirlo, porque las habías superado gracias al encuentro con una mujer como tú: 'La vi y me dije: poco he de poder o me he de casar con ésa...'.

Pudiste, Higinio, pudiste. No olvidaré la escena dos años después, cuando con el pretexto de una revisión aparecieron la mujer y el hijo de pocas semanas. Se te caía la baba al entregar el niño a cada una de las monjas. Aquel día bajó Sor Carmen, la Superiora. Por las cartas eras una celebridad: 'Señor Director, ha venido Higinio con la mujer y el niño'. También los médicos acudimos a veros. Y con aquel niño y aquella palpable felicidad nos sentíamos, cómo lo diría, dispensadores de gracia. 'Mire, doctor'. Tus manazas cogían al niño con tanto amor... ¡Como si fuese una semilla!

¿Son muchas actualmente las causas de nulidad?

Muchas o pocas es un concepto relativo, porque en general al hablar de cualquier cosa, se podría decir que una no es mucho, sino poco. Pero si preguntáramos ya en concreto ¿es poco morirse una vez?, necesariamente habría que contestar que no es poco morirse una vez. Y si preguntáramos ¿es mucho tener un solo hijo?, casi todos los padres y madres nos dirían: "No, un solo hijo no se puede considerar mucho".

Partiendo de que mucho o poco es un concepto relativo, sí se puede decir –sin lugar a dudas– que son muchos más los matrimonios que se contraen válidamente que los que son nulos, lo que pasa es que estos últimos "arman más ruido".

En cualquier situación lo que realmente importa es estar dentro de ese mucho o de ese poco que es positivo, porque ¿de qué le sirve a una persona saber que el examen lo han aprobado muchos si él no lo ha aprobado? O, por el contrario, ¿puede alguien enfadarse ante la noticia de los pocos aprobados que ha habido si está dentro de esos pocos?

Además hay que tener en cuenta todo lo ya dicho sobre los motivos que hacen que ahora haya más causas de nulidad que antes: que se trata de "justicia rogada", es decir, sólo hay procedimiento de nulidad si se presenta la correspondiente demanda, y ahora tenemos un mayor conocimiento de la capacidad e incapacidad del hombre para el consentimiento matrimonial. También es necesario reconocer que las crisis en el matrimonio y en la familia se deben a falta de valores, a falta de madurez y a que estamos acostumbrados a una vida muy cómoda que conlleva falta de voluntad y de autodominio, y el matrimonio, como todas las cosas que tienen valor, necesita de nuestra exigencia.

¿Por qué ahora hay más causas de nulidad?

Porque hay más gente que acude al tribunal de la Iglesia demandando la nulidad de su matrimonio, y el tribunal de la Iglesia –igual que todos los tribunales– es de "justicia rogada", dicta sentencia porque la parte acude al tribunal pidiéndolo con la demanda correspondiente.

Hay que reconocer que ha cambiado la mentalidad, que la sociedad no es la misma. En muchas ocasiones el cambio ha sido para bien y la Iglesia lo ha asumido, incorporando cuestiones de psiquiatría y psicología que inciden sobre el acto humano del consentimiento matrimonial.

¿Es verdad que la Iglesia, además de todo lo que gana con las nulidades, ha vendido a una revista del corazón la exclusiva de la nulidad matrimonial de una famosa?

Ya hemos visto anteriormente a cuánto ascienden las tasas del Tribunal eclesiástico y del Tribunal de la Rota en un procedimiento de nulidad matrimonial.

En el procedimiento de nulidad matrimonial, una vez que se han practicado todas las pruebas, "se publican las actuaciones" (se dice así), lo que supone que normalmente todas las declaraciones, tanto las de los esposos como las de los testigos, junto con los dictámenes de los peritos y el resto de los documentos, se entregan a los procuradores. A su vez éstos las entregan a los respectivos abogados, para hacer la discusión de la causa, en la que cada abogado plantea –normalmente por escrito– su defensa o alegato con un resumen de todas las pruebas, para demostrar al tribunal que lo que él defendió es lo cierto y verdadero. El abogado puede, si lo considera oportuno, enseñárselas a su cliente.

Es decir ¿quién puede vender esa *exclusiva*? Cualquiera de las personas mencionadas o cualquier otro que –aunque no sea correcto– las haya recibido de alguno de ellos.

Además del escrito de alegaciones de los respectivos abogados, el Defensor del Vínculo también hace su escrito de discusión, que se llama escrito de observaciones o animadversiones.

¿La Iglesia va a vender la exclusiva? No, por favor, la Iglesia no. ¿Y los miembros del tribunal? Pues tampoco, francamente. Te lo puedo asegurar.

Conviene resaltar que cabe –cuando hay justa causa– que la persona interesada pida que se lleve en secreto. Tuve el caso de una chica que había abortado voluntariamente y nadie lo sabía, que pidió y obtuvo el secreto.

Y así mismo hay que puntualizar que la entrega de esos documentos a los respectivos abogados no supone, ni mucho menos, que lo que el abogado conoce pueda hacerse público, porque por un lado le obliga el secreto profesional –y su incumplimiento puede llegar a ser constitutivo de delito–, y por otro los abogados, procuradores, jueces, peritos, testigos y las partes, todos, están obligados a guardar secreto por razón del peligro que puede acarrear la divulgación de lo que consta en la causa. Es un secreto de oficio o profesional, que obliga a todos los que han intervenido y es una obligación grave, porque su incumplimiento implicaría daños para intereses privados y públicos. Pero además, el juez puede obligar a guardarlo bajo juramento. El buen profesional tiene que ser una persona discreta, prudente y mesurada en el hablar.

¿En los asuntos matrimoniales es mejor "romper la baraja" o no darse por vencido?

Vino una señora y me dijo "Mi marido está liado con otra. Es una divorciada, madre de unos niños como los míos, y se han conocido y tratado en las actividades extraescolares del colegio, porque yo por mi trabajo no podía ir y acudía mi marido. Al principio intuí algo, y luego ya tuve la certeza. Se lo pregunté y lo reconoció. Él se quería ir a vivir solo a otra casa, pero yo le dije: 'de aquí, tú no te vas'. Y me contestó: 'bueno, pues seremos tres, porque yo seguiré con ella'". Me contó que no estaba dispuesta a que su marido se fuera, por dos razones: "Primero porque quiero que mis hijos tengan un padre y segundo porque si lo dejo habrá mayor riesgo para él, y seguro que hará más tonterías que si vivimos los dos juntos". ¿Son verdaderas sus razones? Pienso que sí. ¿Se les puede exigir esto a todas las personas? Opino que no. Ella está destrozada y sigue un tratamiento psiquiátrico. Pero quiere a su marido y tiene esperanzas de recuperarlo.

Otra señora, ante la misma situación de infidelidad, le dijo claramente a su marido: "Decide, o conmigo y nuestra hija, o con ella". ¿Tenía razón? Muy probablemente pensaremos que sí.

¿Qué es mejor? Como regla general, siempre es mejor salvar el matrimonio que destrozarlo, sin dudar. Pero en esto no hay una receta única.

Una persona muy experimentada me contó una historia que sirve para pensar que el amor hace milagros.

Un califa de la ciudad de Córdoba se casó con una joven cristiana de la que estaba profundamente enamorado, y se llevó a su joven y hermosa esposa a vivir con él. Un día le preguntó por qué estaba triste, y recibió como contestación que, allí, ella no veía nevar, como sucedía en su tierra. Entonces el califa le contestó: "Verás la nieve esta primavera" y mandó sembrar toda la sierra de Córdoba de almendros y naranjos, que cuajaron en unas flores blancas preciosas que invadieron todo el horizonte que podía divisar la joven cristiana.

8

Causas por las que un matrimonio puede ser nulo

I - Un matrimonio puede ser declarado nulo por tener causa o causas que afectan al consentimiento de uno o ambos contrayentes y son las siguientes:

1. Carecer de suficiente uso de razón, que hace incapaz para el matrimonio (canon 1.095, 1 del Código de Derecho Canónico).

2. Tener grave defecto de discreción de juicio acerca de los derechos y deberes esenciales del matrimonio, que hace incapaz para el matrimonio (canon 1.095, 2).

3. No poder asumir las obligaciones esenciales del matrimonio por causas de naturaleza psíquica (canon 1.095, 3).

4. Ignorar que el matrimonio es un consorcio permanente entre un varón y una mujer, ordenado a la procreación de la prole mediante una cierta cooperación sexual (canon 1.096, 1). Esta ignorancia no es presumible después de la pubertad (canon 1.097, 2).

5. El error acerca de la persona (canon 1.097, 1).

6. El error acerca de una cualidad de la persona, cuando esa cualidad es directa y principalmente pretendida (canon 1.097, 2).

7. El engaño doloso acerca de una cualidad del otro contrayente que por su naturaleza puede perturbar gravemente el consorcio de vida conyugal (canon 1.098).

8. El error acerca de la unidad, de la indisolubilidad o de la dignidad sacramental del matrimonio cuando determina a la voluntad (canon 1.099).

9. La simulación total, que se da cuando el que se casa no quiere el matrimonio mismo (canon 1.101, 2).

10. La simulación parcial por exclusión de la indisolubilidad (que es una propiedad esencial del matrimonio) con un acto positivo de la voluntad (cánones 1.101, 2 y 1.056).

11. La simulación parcial por exclusión de la fidelidad (que es una propiedad esencial del matrimonio) con un acto positivo de la voluntad (cánones 1.101, 2 y 1.056).

12. La simulación parcial por haber excluido la unidad (que es una propiedad esencial del matrimonio) con un acto positivo de la voluntad (cánones 1.101, 2 y 1.056).

13. La exclusión, con un acto positivo de la voluntad, de la sacramentalidad (canon 1.101, 2) ya que entre los bautizados sólo es matrimonio válido el que es sacramento (canon 1.055, 2).

14. La exclusión, con un acto positivo de la voluntad, de la prole (que es elemento esencial del matrimonio) (canon 1.101, 2). El matrimonio está ordenado, por su misma índole natural, a la generación y educación de la prole (canon 1.055).

15. El matrimonio celebrado bajo condición de que algo se realice en el futuro, que es aquel en el que la voluntad de uno o de ambos subordina el nacimiento del vínculo al cumplimiento de una circunstancia o acontecimiento (canon 1.102).

16. El matrimonio contraído por violencia o por miedo grave, para librase del cual alguien se vea obligado a casarse (canon 1.103).

II - Un matrimonio puede ser declarado nulo por la existencia de impedimento o impedimentos, y son los siguientes:

1. Impedimento de edad: el varón antes de los 16 años cumplidos y la mujer antes de los 14 años cumplidos (canon 1.083). El fundamento está en la falta de madurez psíquica y biológica.

2. La impotencia cierta, antecedente y perpetua (canon 1.084).

3. Impedimento de vínculo por un matrimonio anterior aunque no haya sido consumado (canon 1.085).

4. Impedimento de disparidad de culto: el contraído entre dos personas, una bautizada en la Iglesia Católica y no apartada de ella por un acto formal y otra no bautizada (canon 1.086). Impedimento perfectamente dispensable.

5. Impedimento de orden sagrado, incluyendo el diaconado, el presbiterado y el episcopado (canon 1.087).

6. Impedimento de voto público perpetuo de castidad en un instituto religioso (canon 1.088).

7. Impedimento de rapto, mientras la persona raptada siga en poder del raptor (canon 1.089).

8. Impedimento de crimen (canon 1.090).

9. Impedimento de consanguinidad: que hace nulo el matrimonio entre consanguíneos en línea recta en todos los grados y en línea colateral hasta el 4º grado (canon 1.091). El grado 3º (tío con sobrina) y el 4º (primos hermanos) en línea colateral admite dispensa del Ordinario.

10. Impedimento de afinidad: en línea recta en todos los grados, (canon 1.092).

11. Impedimento de pública honestidad (canon 1.093).

12. Impedimento de parentesco legal por adopción, (canon 1.094).

¿Cuáles son las causas más habituales por las que un matrimonio se declara nulo?

El grave defecto de discreción de juicio del canon 1.095, 2, que puede incidir sobre la inteligencia, o sobre la voluntad o sobre la libertad de los que contraen matrimonio. La libertad puede estar afectada por coacción, por miedo grave, por miedo reverencial o por falta de la necesaria libertad interna para prestar un consentimiento voluntario y libre.

La incapacidad para asumir las obligaciones esenciales del matrimonio por causas de naturaleza psíquica del canon 1.095, 3, porque aquí están incluidos muchos y variados supuestos, tales como una enfermedad psíquica grave (como puede ser una esquizofrenia), una adicción grave (al alcohol, a las drogas, al juego), supuestos de anorexia, la homosexualidad y así mismo la falta de madurez patológica grave, entre otros.

Además de las dos anteriormente citadas, otra causa habitual es la exclusión de la prole.

Un caso de nulidad de matrimonio por exclusión de la prole

Los esposos contrajeron matrimonio a la edad de 17 y 19 años. De este matrimonio no existe descendencia.

Se conocieron cuando ella tenía 15 años y el 17. Ella asistía a una academia que estaba próxima al establecimiento donde él trabajaba, que era la empresa de su padre. Y a los dos años de un noviazgo un tanto frívolo y atolondrado, decidieron contraer matrimonio. Se opusieron a él los padres de ambos, especialmente la madre de ella, negándole ésta el consentimiento paterno a su hija (el padre había fallecido), por ser menor de edad. Como ellos insistían en contraer matrimonio y la madre seguía negándole el consentimiento, la chica amenazó a su madre con irse a vivir juntos, aunque —le dijo— tuviera que ir la policía a buscarlos. La madre, después de intentar por todos los medios hacer ver a su hija que no estaba preparada para contraer matrimonio, optó por conceder el consentimiento paterno, a fin de evitar que se fueran a vivir juntos.

Estos esposos excluyeron el bien de los hijos "porque éramos muy jóvenes y queríamos vivir la vida y divertirnos", han manifestado en su declaración, en parecidos términos, uno y otro.

La esposa, por su parte, ha manifestado: "Al principio yo no quería tener hijos, porque no sabía si nuestro matrimonio iba a durar. Y lo que sí puedo decir es que, con aquella mentalidad de mis 17 años, lo que quería era vivir la vida y pasármelo bien sin complicaciones y para esto era necesario no tener hijos. Mi marido pensaba de igual forma, no quería tener hijos por el momento".

El esposo, en lo referente a la exclusión de los hijos, declaró: "En un principio y dada nuestra edad, no pensábamos tener hijos en unos años y después, ya veríamos la decisión que tomábamos. Dejamos este problema en el aire, porque yo tenía que cumplir el servicio militar, no tenía trabajo seguro y no sabíamos qué iba a pasar, por lo que pusimos los medios para evitarlos".

Es de gran importancia la declaración de la madre de ella, que ha comparecido como testigo, pues confirma todo lo declarado por uno y otro esposo, y deja patente la causa de la exclusión: la inmadurez de ambos y la falta de conciencia de la importancia del compromiso que asumían con el matrimonio.

La ausencia de hijos, las declaraciones de uno y otro esposo, el documento aportado de prescripción de los anticonceptivos, junto con las declaraciones de los testigos, hacen que se pueda considerar probado que durante su vida conyugal no realizaron rectamente la cópula conyugal apta de por sí para engendrar la prole, ya que siempre emplearon medios anticonceptivos para evitar los hijos, que no deseaban y siempre excluyeron.

9

Discurso del Santo Padre al Tribunal de la Rota romana el 12 de febrero de 2001 en la apertura del año judicial

1. La inauguración del nuevo año judicial del Tribunal de la Rota romana me brinda una ocasión propicia para encontrarme una vez más con vosotros. Al saludar con afecto a todos los presentes, me complace particularmente expresaros, queridos prelados auditores, oficiales y abogados, mi más sincero aprecio por el prudente y arduo trabajo que realizáis en al administración de la justicia al servicio de esta Sede apostólica. Con gran competencia estáis comprometidos en la tutela de la santidad e indisolubilidad del matrimonio y, en definitiva, de los sagrados derechos de la persona humana, según la tradición secular del glorioso Tribunal rotal.

Doy las gracias a monseñor decano, que se ha hecho intérprete y portavoz de vuestros sentimientos y de vuestra fidelidad. Sus palabras nos han hecho revivir oportunamente el gran jubileo, recién concluido.

Un gran desafío.

2. En efecto, las familias han figurado entre los grandes protagonistas de las jornadas jubilares, como afirmé en la carta apostólica "*Novo millennio ineunte*" (cfr. n. 10). En ella recordé los riesgos a los que está expuesta la institución familiar, subrayando que *in hanc potissimam institutionem diffusum absolutumque discrimen irrumpit* (n. 47: "se está constatando una crisis generalizada y radical de esta institución fundamental"). Uno de los desafíos más arduos que afronta hoy la Iglesia es el de una difundida cultura individualista que, como ha dicho muy bien monseñor decano, tiende a circunscribir y confinar el matrimonio y la familia al ámbito privado. Por tanto, considero oportuno volver a tocar esta mañana algunos temas de los que traté en nuestros encuentros anteriores (cf. Discursos a la Rota del 28 de enero de 1991: AAS 83 (1991) 947-953, cf. *L'Osservatore Romano*, edición en lengua española, 1 de febrero de 1991, p. 9; y del 21 de enero de 1999: AAS 91 (1999) 622-627, cf. *L'Osservatore Romano*, edición en lengua española, 5 de febrero de 1999, p. 13), para reafirmar la enseñanza tradicional sobre la dimensión natural del matrimonio y de la familia.

El magisterio eclesiástico y la legislación canónica contienen abundantes referencias a la índole natural del matrimonio. El concilio Vaticano II, en la *Gaudium et spes*, después de reafirmar que "el mismo Dios es el autor del matrimonio, al que ha dotado con varios bienes y fines" (n. 48), afronta algunos problemas de moralidad matrimonial, remitiéndose a "criterios objetivos, tomados de la naturaleza de la persona y de sus actos" (n. 51). A su vez, los dos Códigos que promulgué, al formular la definición del matrimonio, afirman que el "consortium totius vitae" está "ordenado por su misma índole natural al bien de los cónyuges y a la generación y educación de la prole" (Código de derecho canónico, canon 1.055 y Código de cánones de las Iglesias orientales, canon 776, 1).

En el clima creado por una secularización cada vez más marcada y por una concepción totalmente privatista del matrimonio y de la familia, no sólo se descuida esta verdad, sino que también se la contesta abiertamente.

Fundamento objetivo de la cultura

3. Se han acumulado muchos equívocos en torno a la misma noción de "naturaleza". Sobre todo, se ha olvidado el concepto metafísico, al que precisamente hacen referencia los documentos de la Iglesia citados antes. Por otra parte, se tiende a reducir lo que es específicamente humano al ámbito de la cultura, reivindicando una creatividad y una operatividad de la persona completamente autónomas tanto en el plano individual como en el social. Desde este punto de vista, lo natural sería puro dato físico, biológico y sociológico, que se puede manipular mediante la técnica según los propios intereses.

Esta contraposición entre cultura y naturaleza deja a la cultura sin ningún fundamento objetivo, a merced del arbitrio y del poder. Esto se observa de modo muy claro en las tentativas actuales de presentar las uniones de hecho, incluidas las homosexuales, como equiparables al matrimonio, cuyo carácter natural precisamente se niega.

Esta concepción meramente empírica de la naturaleza impide radicalmente comprender que el cuerpo humano no es algo extrínseco a la persona, sino que constituye, junto con el alma espiritual e inmortal, un principio intrínseco del ser unitario que es la persona humana. Esto es lo que ilustré en la encíclica *Veritatis splendor* (cf. nn. 46-50: AAS 85 (1993) 1.169-1.174), en la que subrayé la relevancia moral de esa doctrina, tan importante para el matrimonio y la familia. En efecto, se puede buscar fácilmente en falsos espiritualismos una presunta confirmación de lo que es contrario a la realidad espiritual del vínculo matrimonial.

No contraponer naturaleza y cultura

4. Cuando la Iglesia enseña que el matrimonio es una realidad natural, propone una verdad evidenciada por la razón para el bien de los esposos y de la sociedad, y confirmada por la revelación de nuestro Señor, que explícitamente pone en íntima conexión la unión matrimonial con el "principio" (cf. Mt 19, 4-8) del que habla el libro

del Génesis: "Los creó varón y mujer" (Gn 1, 27), y "los dos serán una sola carne" (Gn 2, 24).

Sin embargo, el hecho de que el dato natural sea confirmado y elevado de forma autorizada a sacramento por nuestro Señor no justifica en absoluto la tendencia, por desgracia hoy muy difundida, a ideologizar la noción del matrimonio-naturaleza, propiedades esenciales y fines, reivindicando una concepción diversa y válida de parte de un creyente o de un no creyente, de un católico o de un no católico, como si el sacramento fuera una realidad sucesiva y extrínseca al dato natural y no el mismo dato natural, evidenciado por la razón, asumido y elevado por Cristo como signo y medio de salvación.

El matrimonio no es una unión cualquiera entre personas humanas, susceptible de configurarse según una pluralidad de modelos culturales. El hombre y la mujer encuentran en sí mismos la inclinación natural a unirse conyugalmente. Pero el matrimonio, como precisa muy bien santo Tomás de Aquino, es natural no por ser "causado necesariamente por los principios naturales", sino por ser una realidad "a la que inclina la naturaleza, pero se realiza mediante el libre arbitrio" (Summa Theol. Suppl., q. 41, a. 1, in c.). Por tanto, es sumamente tergiversadora toda contraposición entre naturaleza y libertad, entre naturaleza y cultura.

Al examinar la realidad histórica y actual de la familia, a menudo se tiende a poner de relieve las diferencias, para relativizar la existencia misma de un designio natural sobre la unión entre el hombre y la mujer. En cambio, resulta más realista constatar que, además de las dificultades, los límites y las desviaciones, en el hombre y en la mujer existe siempre una inclinación profunda de su ser que no es fruto de su inventiva y que, en sus rasgos fundamentales, trasciende ampliamente las diferencias histórico-culturales.

En efecto, el único camino a través del cual puede manifestarse la auténtica riqueza y la variedad de todo lo que es esencialmente humano es la fidelidad a las exigencias de la propia naturaleza. Y también en el matrimonio la deseada armonía entre diversidad de realizaciones y unidad esencial no es sólo una hipótesis, sino que está garantizada por la fidelidad vivida a las exigencias naturales de la persona. Por lo demás, el cristiano sabe que para ello puede contar con la fuerza de la gracia, capaz de sanar la naturaleza herida por el pecado.

Dimensión natural de la unión

5. El *consortium totius vitae* exige la entrega recíproca de los esposos (cf. Código de derecho canónico, canon 1057, 2 y Código de cánones de las Iglesias orientales, canon 817, 1). Pero esta entrega personal necesita un principio de especificidad y un fundamento permanente.

La consideración natural del matrimonio nos permite ver que los esposos se unen precisamente en cuanto personas entre las que existe la diversidad sexual, con toda la riqueza también espiritual, que posee esta diversidad a nivel humano. Los esposos se unen en cuanto persona-hombre y en cuanto persona-mujer. La referencia a la dimensión natural de su masculinidad y femineidad es decisiva para comprender la esencia del matrimonio. El vínculo personal del matrimonio se establece precisamente en el nivel natural de la modalidad masculina o femenina del ser persona humana.

El ámbito del obrar de los esposos y, por tanto, de los derechos y deberes matrimoniales, es consiguiente al del ser, y encuentra en este último su verdadero fundamento. Así pues, de este modo el hombre y la mujer, en virtud del acto singularísimo de voluntad que es el consentimiento (cf. Código de derecho canónico, canon 1057, 2 y Código de cánones de la Iglesias orientales, canon 817, 1), establecen entre sí libremente un vínculo prefigurado por su naturaleza, que ya constituye para ambos un verdadero camino vocacional a través del cual viven su personalidad como respuesta al plan divino.

La ordenación a los fines del matrimonio –el bien de los esposos y la generación y educación de la prole– está intrínsecamente presente en la masculinidad y en la femineidad. Esta índole teleológica es decisiva para comprender la dimensión natural de la unión. En este sentido, la índole natural del matrimonio se comprende mejor cuando no se la separa de la familia. El matrimonio y la familia son inseparables, porque la masculinidad y la femineidad de las personas casadas están constitutivamente abiertas al don de los hijos. Sin esta apertura ni siquiera podría existir un bien de los esposos digno de este nombre.

También las propiedades esenciales, la unidad y la indisolubilidad, se inscriben en el ser mismo del matrimonio, dado que no son de ningún modo leyes extrínsecas a él. Sólo si se lo considera como unión que implica a la persona en la actuación de su estructura relacional natural, que sigue siendo esencialmente la misma durante toda su vida personal, el matrimonio puede situarse por encima de los cambios de la vida, de los esfuerzos e incluso de las crisis que atraviesa a menudo la libertad humana al vivir sus compromisos. En cambio, si la unión matrimonial se considera basada únicamente en cualidades personales, intereses o atracciones, es evidente que ya no se manifiesta como una realidad natural, sino como una situación dependiente de la actual perseverancia de la voluntad en función de la persistencia de hechos y sentimientos contingentes. Ciertamente, el vínculo nace del consentimiento, es decir de un acto de voluntad del hombre y de la mujer; pero ese consentimiento actualiza una potencia ya existente en la naturaleza del hombre y de la mujer. Así, la misma fuerza indisoluble del vínculo se funda en el ser natural de la unión libremente establecida entre el hombre y la mujer.

Visión humana y cristiana integral

6. Muchas consecuencias derivan de estos presupuestos ontológicos. Me limitaré a indicar las de relieve y actualidad particulares en el derecho matrimonial canónico. Así, a la luz del matrimonio como realidad natural, se capta fácilmente la índole natural de la capacidad para casarse: *Omnes possunt matrimonium contrahere, qui iure non pohibentur* (Código de derecho canónico, canon 1.058 y Código de cánones de las Iglesias orientales, canon 778). Ninguna interpretación de las normas sobre la incapacidad consensual (cf. Código de derecho canónico, canon 1.095 y Código de cánones de las Iglesias orientales, canon 818) sería justa si, en la práctica, no reconociera ese principio: *Ex intima hominis natura* –afirma Cicerón– *haurienda est iuris disciplina* (De Legibus, II).

La norma del citado canon 1.058 se aclara aún más si se tiene presente que, por su naturaleza, la unión conyugal se refiere a la masculinidad y a la femineidad de las personas casadas, por lo cual no se trata de una unión que requiera esencialmente características singulares en los contrayentes. Si fuera así, el matrimonio se reduciría a una integración factual entre las personas, y tanto sus características como su duración dependerían únicamente de la existencia de un afecto interpersonal no bien determinado.

A cierta mentalidad, hoy muy difundida, puede parecerle que esta visión está en contraste con las exigencias de la realización personal. Lo que a esa mentalidad le resulta fácil comprender es la posibilidad misma de un verdadero matrimonio fallido. La explicación se inserta en el marco de una visión humana y cristiana integral de la existencia. Ciertamente no es este el momento para profundizar las verdades que iluminan esta cuestión: en particular, las verdades sobre la libertad humana en la situación presente de naturaleza caída pero redimida, sobre el pecado, sobre el perdón y sobre la gracia.

Bastará recordar que tampoco el matrimonio escapa a la lógica de la cruz de Cristo, que ciertamente exige esfuerzo y sacrificio e implica también dolor y sufrimiento, pero no impide, en la aceptación de la voluntad de Dios, una plena y auténtica realización personal, en paz y con serenidad de espíritu.

El consentimiento

7. El mismo acto del consentimiento matrimonial se comprende mejor en relación con la dimensión natural de la unión. En efecto, este es el punto objetivo de referencia con respecto al cual la persona vive su inclinación natural. De aquí la normalidad y sencillez del verdadero consentimiento. Representar el consentimiento como ad-

hesión a un esquema cultural o de ley positiva no es realista, y se corre el riesgo de complicar inútilmente la comprobación de la validez del matrimonio. Se trata de ver si las personas, además de identificar la persona del otro, han captado verdaderamente la dimensión natural esencial de su matrimonio, que implica por exigencia intrínseca la fidelidad, la indisolubilidad, la paternidad y maternidad potenciales, como bienes que integran una relación de justicia.

"Ni siquiera la más profunda o la más sutil ciencia del derecho —afirmó el Papa Pío XII, de venerada memoria— podría indicar otro criterio para distinguir las leyes injustas de las justas, el simple derecho legal del derecho verdadero, que el que se puede percibir ya con la sola luz de la razón por la naturaleza de las cosas y del hombre mismo, es decir, el de la ley escrita por el Creador en el corazón del hombre y expresamente confirmada por la revelación. Si el derecho y la ciencia jurídica no quieren renunciar a la única guía capaz de mantenerlos en el recto camino, deben reconocer las 'obligaciones éticas' como normas objetivas válidas también para el orden jurídico" (Discurso a la Rota, 13 de noviembre de 1949: AAS 41(1949) 607).

Es preciso remitirse al principio

8. Antes de concluir, deseo reflexionar brevemente sobre la relación entre la índole del matrimonio y su sacra-

mentalidad, dado que, a partir del Vaticano II, con frecuencia se ha intentado revitalizar el aspecto sobrenatural del matrimonio incluso mediante propuestas teológicas, pastorales y canónicas ajenas a la tradición, como la de solicitar la fe como requisito para casarse.

Casi al comienzo de mi pontificado, después del Sínodo de los obispos de 1980 sobre la familia, en el que se trató este tema, me pronuncié al respecto en la *Familiaris consortio*, escribiendo: "El sacramento del matrimonio tiene esta peculiaridad con respecto a los otros: es el sacramento de una realidad que existe ya en la economía de la creación; es el mismo pacto matrimonial instituido por el Creador "al principio" (n. 68: AAS 73 (1981) 163). Por consiguiente, para identificar cuál es la realidad que desde el principio ya está unida a la economía de la salvación y que en la plenitud de los tiempos constituye uno de los siete sacramentos en sentido propio de la nueva Alianza, el único camino es remitirse a la realidad natural que nos presenta la Escritura en el Génesis (cf. Gn, 1, 27; 2, 18-25). Es lo que hizo Jesús al hablar de la indisolubilidad del vínculo matrimonial (cf. Mt 19, 3-12; Mc 10, 1-2), y es lo que hizo también san Pablo, al ilustrar el carácter de "gran misterio" que tiene el matrimonio "con respecto a Cristo y a la Iglesia" (Ef 5, 32).

Por lo demás, el matrimonio, aun siendo un *signum significans et conferens gratiam*, es el único de los siete sacramentos que no se refiere a una actividad específicamente orientada a conseguir fines directamente sobrenaturales. En efecto, el matrimonio tiene como fines, no solo principales sino también propios, *indole sua naturali*, el bonum coniugum y la prolis generatio et educatio (cf. Código de derecho canónico, canon 1.055).

Desde una perspectiva diversa, el signo sacramental consistiría en la respuesta de fe y de vida cristiana de los esposos, por lo que carecería de una consistencia objetiva que permita considerarlo entre los verdaderos sacramentos cristianos. Por tanto, oscurecer la dimensión natural del matrimonio y reducirlo a mera experiencia subjetiva conlleva también la negación implícita de su sacramentalidad. Por el contrario, es precisamente la adecuada compresión de esta sacramentalidad en la vida cristiana lo que impulsa hacia una revalorización de su dimensión natural.

Por otra parte, introducir para el sacramento requisitos intencionales o de fe que fueran más allá del de casarse según el plan divino del "principio" –además de los graves riesgos que indiqué en la Familiaris consortio (cf. n. 68: AAS 73 (1981) 164-165): juicios infundados y discriminatorios, y dudas sobre la validez de matrimonios ya celebrados, en particular por parte de bautizados no católicos, llevaría inevitablemente a querer separar el matrimonio de los cristianos del de otras personas. Esto se opondría profundamente al verdadero sentido del designio divino, según el cual es precisamente la realidad creada lo que es un "gran misterio" con respecto a Cristo y a la Iglesia.

La protección de María

9. Queridos prelados auditores, oficiales y abogados, éstas son algunas de las reflexiones que me urgía compartir con vosotros para orientar y sostener el valioso servicio que prestáis al pueblo de Dios.

Invoco sobre cada uno de vosotros y sobre vuestro trabajo diario la particular protección de María santísima "Speculum iustitiae", y os imparto de corazón la bendición apostólica, que de buen grado extiendo a vuestros familiares y a los alumnos del Estudio rotal.

Bibliografía

ALONSO RODRÍGUEZ, Bernardo, *Apuntes del estudio rotal*, Madrid.

BURKE, Cormac, *¿Qué es casarse? Una visión personalista del matrimonio*, Navarra de Ediciones y Gráficas (col. Cuadernos del Instituto Martín de Azpilcueta), Berriozar (Navarra), 2000.

BRANCATISANO, Marta, *Fino alla mezzanotte di mai*, Mondadori, Milán, 1997, traducción *La gran aventura*, Grijalbo, Barcelona, 2000.

CARRERAS, Joan, *La dimensión jurídica del matrimonio y de la familia*, http:/www.arvo.net/Canonico/Mtr-Fam.htm

—— *Situaciones matrimoniales irregulares. La solución canónica*, Navarra de Ediciones y Gráficas (col. Cuadernos del Instituto Martín de Azpilcueta), Berriozar (Navarra), 1999.

Catecismo de la Iglesia Católica, Asociación de Editores del Catecismo, Bilbao, 1996.

CERVANTES SAAVEDRA, Miguel de., *El ingenioso hidalgo don Quijote de la Mancha*, Editorial Castalia, Madrid, 1978.

Código de Derecho Canónico, Eunsa, Pamplona, 1989.

Código Civil, Casa editorial Calleja, Madrid, 1915.

Código Civil, Editorial Colex, Madrid, 1996.

Código Penal, Boletín Oficial del Estado, Madrid, 1995.

CHOZA, Jacinto, *Amor, matrimonio y escarmiento*, Tibidabo, Barcelona, 1991.

CONTRERAS, José María, *Pequeños detalles de la vida cotidiana*, Planeta testimonio, Madrid, 2000.

DELIBES, Miguel, *La sombra del ciprés es alargada*, Editorial Destino (Col. Destino libro), Barcelona, 1997; Premio Nadal 1947.

D.S.M. IV: *Manual diagnóstico y estadístico de los trastornos mentales*, Editorial Masson, Barcelona, 1995.

FERIN, J. y PONTEVILLE, G., *Amor y fecundidad*, Ediciones Ele,. Barcelona, 1964.

GARCÍA FAILDE, Juan José, *Apuntes del estudio rotal*, Madrid

—— *Nuevo Derecho Procesal Canónico*, Universidad Pontificia de Salamanca, Salamanca, 1995.

—— *Trastornos psíquicos y nulidad de matrimonio*, Universidad Pontificia de Salamanca, Salamanca, 1999.

GIL DE LAS HERAS, Feliciano, *Apuntes del estudio rotal*, Madrid.

GRAY, John, *Los hombres son de Marte. Las mujeres de Venus*, Grijalbo, Barcelona, 1997.

HERAS DE LAS, Javier, *Conócete mejor*, Espasa-Calpe, Madrid, 2000.

HERVADA, Javier, *Carta sobre el divorcio*, Navarra de Ediciones y Gráficas (col. Cuadernos del Instituto Martín de Azpilcueta), Berriozar (Navarra), 1998.

IGLESIAS ALTUNA, José María, *Procesos matrimoniales canónicos*, Cívitas. Madrid, 1991.

Ley 30/81 de 7 de julio, conocida vulgarmente como ley del divorcio, incluida en el *Código Civil* de Editorial Tecnos, Madrid, 1982.

Ley de Enjuiciamiento Civil, Ley 1/2000 de 7 de enero, Textos legales del Ilustre Colegio de Abogados de Madrid, 2000.

Manglano Castellary, José Pedro, *Construir el amor. Etapas, crisis y sentimientos*, Ediciones Martínez Roca Barcelona, 2001.

MARAÑÓN, Gregorio, *Obras completas*, Espasa-Calpe. Madrid, 1973.

MELENDO GRANADOS, Tomás, *Solución: la familia*, Editorial Palabra (Col. Folletos de Mundo Cristiano), Madrid, 2000.

Ossorio, Manuel, *Diccionario de Ciencias Jurídicas, Políticas y Sociales*, Editorial Heliasta S.R.L., Argentina, 1982.

Panizo Orallo, Santiago, *Nulidades de matrimonio por incapacidad*, Universidad Pontificia de Salamanca, 1982.

—— *Alcoholismo, droga y matrimonio*, Universidad Pontificia de Salamanca, Salamanca, 1984.

—— *La inmadurez de la persona y el matrimonio*, Universidad Pontificia de Salamanca, Salamanca, 1996.

—— *Temas procesales y nulidad matrimonial*, Trivium, Madrid, 1999.

Rojas Montes, Enrique, *Remedios para el desamor*, Temas de Hoy, Madrid, 1998.

—— *La conquista de la voluntad*, Temas de Hoy, Madrid, 1999.

—— *El amor inteligente. Corazón y cabeza, claves para construir una pareja feliz*, Temas de Hoy, Madrid, 1999.

S.S. Juan Pablo II, *Carta a las Familias*, Roma, 1994.

—— *Carta Apostólica "Mulieris dignitatem" sobre la dignidad de la mujer*, Ediciones Paulinas, Madrid, 1988.

—— *Carta Apostólica "Salvifici doloris" sobre el sufrimiento humano*, Ediciones Paulinas, Madrid, 1984.

Sagrada Biblia, Editorial Desclée De Brouwer, 1998.

SARMIENTO, Augusto, *El matrimonio cristiano*, Eunsa, Pamplona, 1997.

The ICD-10 Classification of Mental and Behavioural Disorders: Diagnostic criteria for research, Organización Mundial de la Salud, 1992, Meditor, Madrid, 1992.

THIBON, G., *Sobre el amor humano*, Rialp, Madrid, 1964.

VALLEJO-NÁGERA, José Antonio, *Concierto para instrumentos desafinados*, Editorial Argos Vergara, Barcelona, 1980.

VALLEJO RUILOBA, J., *Introducción a la psicopatología y la psiquiatría*, Masson, Barcelona, 1992.

VILADRICH, Pedro-Juan, *El pacto conyugal*, Documentos del Instituto de Ciencias para la Familia, Rialp, Pamplona, 1992.

—— *El consentimiento matrimonial*, Eunsa, Pamplona, 1998.

—— *Agonía del matrimonio legal*, Eunsa, Pamplona, 1985.

VIVÓ DE UNDABARRENA, Enrique, *Apuntes del estudio rotal*, Madrid.

—— *El nuevo derecho matrimonial. Estudio de la reforma de los Códigos Español y Canónico (latino y oriental)"*. Uned, 1997.

—— *Causas matrimoniales,* Tirant lo Blanch, Valencia, 1998.

WOJTYLA, Karol, *Amor y responsabilidad,* Plaza & Janés, Barcelona, 1996.

ZORRILLA, José, *Don Juan Tenorio,* Ediciones Cátedra, Colección Letras Hispánicas, 1989.

Bibliografía[1] del Magisterio de la Iglesia relacionada con el contenido de este libro

De S.S. Juan Pablo II

Amor y responsabilidad, libro editado por primera vez en 1960 por el Circulo de Investigación de la Universidad Católica de Lublín; posteriormente hubo, al menos, dos nuevas ediciones polacas y después otra nueva edición que incluye una revisión complementaria al final y que es el texto traducido del polaco al español por Dorota Szmidt y Jonio González.

Exhortación Apostólica "Familiaris consortio", Roma, 22-XI-1981.

Carta Apostólica "Salvifici Doloris" sobre el sufrimiento humano, Roma, 11-II-1984.

---

1. Se ha procurado hacer este índice bibliográfico del modo más extenso posible, dado que su lectura puede ser de enorme interés; pero esta bibliografía no tiene, desde luego, carácter exhaustivo.

Carta Apostólica "Mulieris Dignitatem" sobre la dignidad de la mujer, Roma, 15-VIII-1988.

Exhortación Apostólica "Christifideles laici" sobre los fieles laicos, Roma, 30-XII-1988.

Carta Encíclica "Veritatis Splendor". Roma, 6-VIII-93.

Carta a las Familias, Roma, 2-II-1994.

Carta Encíclica "Evangelium vitae", Roma, 1995.

Otros

Carta Encíclica "Humanae Vitae" de Pablo VI, Roma 25-VII-1968.

Concilio Vaticano II: Constitución dogmática "Lumen gentium" sobre la Iglesia, "Gravissimun educationis", "Dignitatis humanae", Constitución Pastoral "Gaudium et spes" sobre la Iglesia en el mundo actual.

Código de Derecho Canónico, Roma, 25-I-1983.

Catecismo de la Iglesia Católica, 11-X-1992.

Carta de la Santa Sede sobre los derechos de la familia, 1983.

6 ciclos de las catequesis de la Teología del cuerpo.

De congregación romanas

Del pontificio Consejo de las Familias.

Sexualidad humana: verdad y significado. Orientaciones educativas en familia, 8-XII-1995.

Familia, matrimonio y uniones de hecho, noviembre de 2000.

Preparación al Sacramento del Matrimonio, 1996.

De la congregación para la doctrina de la fe

Carta sobre la atención pastoral a las personas homosexuales, 1986.

Carta sobre la atención pastoral a los divorciados vueltos a casar, 1994.

En la Conferencia Episcopal Española de la Comisión Permanente

"Matrimonio, familia y uniones homosexuales", de 24-VI-1994.

Sobre el aborto.

Sobre la eutanasia.

"El aborto con píldora también es un crimen", de 17-VI-1998.

"La eutanasia es inmoral y antisocial", de 19-II-1998.

Del Comité Episcopal para la defensa de la vida

"Los católicos y la defensa de la vida humana: 100 cuestiones y respuestas".

"La eutanasia: 100 cuestiones y respuestas sobre la defensa de la vida humana y la actitud de los católicos".

"El aborto: 100 cuestiones y respuestas sobre la defensa de la vida humana y la actitud de los católicos", 25-III-1991.

Subcomisión de familia y vida de la Asamblea Plenaria del Episcopado Español

Manifestación sobre la píldora del día siguiente diciembre del 2000.

Firmado por la Unión Familia Española

"El matrimonio y la familia. 100 cuestiones y respuestas sobre el concepto cristiano de familia y matrimonio".
Carta Pastoral de los Obispos de la Provincia Eclesiástica de Madrid: "El aborto en Madrid. Un reto a la conciencia cristiana y ciudadana", 1-II-1998.

Colección Vientos a los Cuatro

Director: Manuel Guerrero

Este libro se terminó
de imprimir
en los talleres de
Publidisa, en Sevilla,
el 19 de abril de 2006